101 TRUCS ET CONSEILS

La MÉDITATION

101 TRUCS ET CONSEILS

La MÉDITATION

Naomi Ozaniec

MANGO PRATIQUE

UN LIVRE DE DORLING KINDERSLEY

Première édition en Grande-Bretagne en 1997 par
Dorling Kindersley Limited
9 Henrietta Street, Londres

Dépôt légal : septembre 1999
Traduction : Nadège VERRIER
Adaptation : Catherine MAILLARD
Composition, mise en pages : Studio Michel PLUVINAGE
Imprimé en Italie

ISBN 2 84270 143 7

MANGO *PRATIQUE*

101 TRUCS ET CONSEILS

PAGES 8 À 13

POURQUOI MÉDITER ?

PAGES 14 À 21

L'APPRENTISSAGE DE LA MÉDITATION

PAGES 22 À 27

SYMBOLES ET IMAGES

PAGES 50 À 55

MÉDITER SUR LE MONDE

PAGES 56 À 61

LA MÉDITATION UN MODE DE VIE

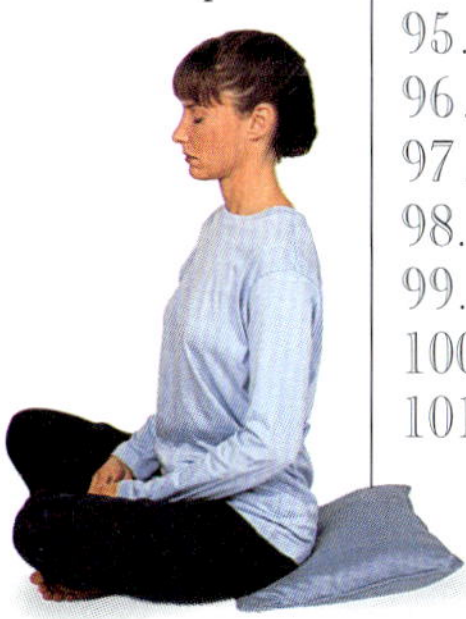

PAGES 62 À 69

DE PROFONDS CHANGEMENTS

Pourquoi Méditer ?

1 Que veut dire méditer ?

Cette discipline ancestrale consiste à entrer dans un état de contemplation tout en fixant son esprit sur une pensée ou un objet. La méditation peut vous permettre de mieux appréhender chacun des éléments de votre vie et d'analyser tout ce qui vous touche, vous, en tant que personne. C'est un moyen d'apprendre à vous connaître qui ouvre des perspectives nouvelles sur votre vie.

Tourner son Attention vers l'Intérieur
Asseyez-vous dans le calme, fermez les yeux et restez immobile. Pour commencer, focalisez votre attention sur un sujet donné.

Choisissez une position dans laquelle vous vous sentez bien.

2 Méditation et religion

Les pratiques méditatives existent dans de nombreuses traditions religieuses. Elles ont plusieurs principes en commun : extérieurement, une posture, une respiration et le contrôle du flux de nos pensées ; intérieurement, une recherche spirituelle. Le bouddhisme est surtout connu pour ses enseignements sur la méditation, et notamment la pratique du zazen (de *za*, « assis », et *zen*, « méditation »). Le soufisme de l'islam, le judaïsme, le mysticisme chrétien et de nombreux chemins du yoga utilisent des pratiques méditatives.

La Méditation Traditionnelle
Nombre de traditions spirituelles sont encore vivantes en Inde. Il n'est pas rare de voir un homme pieux en profonde méditation, assis près d'un autel en bordure de route.

Chaque bouddha vit dans un monde céleste.

Vairocana, le Bouddha primordial

◁ LA PENSÉE TIBÉTAINE
Les cinq pétales de cette coiffe symbolisent les cinq familles de Bouddha, qui, ici, incarne la Grande Perfection, le sommet du bouddhisme tibétain.

▽ UNE VIE PAISIBLE
Un jeune moine lit, assis dans un temple du nord de la Thaïlande. La méditation est au cœur du mode de vie et de l'instruction des moines bouddhistes.

◁ LE LIVRE DE KELLS
Les moines chrétiens enluminaient des Évangiles, comme le Livre de Kells, durant leur vie, consacrée à la dévotion et la contemplation.

L'ÉVEILLÉ
Le titre de Bouddha, signifiant l'Éveillé, vient de l'illumination qu'il eut lors d'une méditation.

3 QUELQUES PRÉCISIONS

- Vous pouvez commencer par apprendre à méditer seul. Par la suite, si vous le souhaitez, vous pourrez vous joindre à un groupe.
- Il est inutile de mener une vie religieuse pour méditer ; débutez tel que vous êtes.
- Méditer n'a rien à voir avec l'état de transe.
- Vous pouvez trouver des professeurs dans le monde entier.
- Soyez certain que la méditation vous changera.

LA MÉDITATION ACTIVE
Ces soufis de l'ordre des Mawlawi, surnommés « derviches tourneurs », méditent en tournoyant sur eux-mêmes telles des toupies géantes.

4 OBJECTIFS ET INTENTIONS

Votre objectif, à travers la méditation, est d'arriver à une meilleure compréhension de vous-même. Progressivement, vous découvrirez votre véritable nature et vos potentialités. La méditation développe une attitude de l'esprit qui permet une conscience aiguë du moment, c'est-à-dire vivre ici et maintenant. Toutes les méthodes visent à retrouver l'état normal de la conscience, et non un éveil exceptionnel. Votre vie en sera plus épanouie.

△ UNE PERSPECTIVE GLOBALE
Observer la terre depuis l'espace peut être la base d'une méditation. Déterminez vos valeurs et vos idéaux, et voyez où vous en êtes.

Apprenez à comprendre votre esprit et à mieux l'utiliser.

La méditation est un excellent moyen de réduire le stress et l'anxiété.

SE CONNAÎTRE
L'un des objectifs de la méditation est d'apprendre à se connaître. Chacun d'entre nous est unique, mais nous sommes tous humains.

ÉLARGISSEZ VOS HORIZONS
La méditation vous aide à développer votre propre créativité et vos ressources intérieures. Vous aurez envie de profiter de chaque journée au maximum.

5 LES BIENFAITS DE LA MÉDITATION

La méditation est bénéfique pour le corps et l'esprit car elle facilite la relaxation et la détente. Être détendu est bon pour le cœur et le rythme cardiaque. En prenant conscience de votre respiration et de votre posture, vous augmentez votre potentiel énergétique. Pendant la méditation, le cerveau est placé dans un état différent de celui de la veille ou du sommeil. Les deux hémisphères cérébraux sont actifs. Apprendre à contrôler le flux incessant de ses pensées est la clé de la sérénité. Avec l'expérience, votre capacité de concentration ira en s'améliorant.

△ L'ESPRIT DÉTENDU
Rien de tel pour un sommeil serein et réparateur qu'une vie active, bien remplie, avec un minimum de stress et d'anxiété.

◁ UTILISEZ VOS TALENTS
La musique est un domaine de créativité et de plaisir immense. Écoutez-la en prenant conscience de toutes ses richesses.

Le sport est un bon moyen de refaire le plein d'énergie et de faire face aux circonstances de la vie.

Sachez profiter de la moindre occasion : detendez-vous et prenez un livre.

6 DÉFINIR SES PRIORITÉS

Prenez le temps de faire le point sur vous et les valeurs qui gouvernent votre vie. Commencez par analyser la vie que vous avez bâtie et menée jusqu'à présent. Soyez honnête avec vous. Êtes-vous parvenu à développer vos véritables centres d'intérêt ? Votre style de vie est-il sain pour votre santé ? Ne travaillez-vous pas trop dur ? Définissez vos priorités. Faire le point, c'est un peu comme opérer un nettoyage de printemps : vous gardez ce qui vous convient et vous jetez tout ce qui vous encombre.

LES INFLUENCES FORMATRICES
Déterminez ce qui est important à vos yeux. Faites la liste de vos propres valeurs, pas celles de votre entourage.

7 LA CARTE DE LA VIE

ET MAINTENANT, OÙ ALLER ?

On compare souvent la vie à un voyage. Partez de cette idée pour regarder votre vie, non plus en surface, mais en profondeur. Faites une carte sur laquelle vous noterez tous vos voyages. Placez-y les repères importants, comme les amis, la famille et les principaux événements. À quoi ressemble votre voyage ? À une ascension pénible ou bien à une croisière agréable ? Cette carte peut vous aider à comprendre à quelle place vous désirez être.

PARTEZ SUR VOS TRACES
Nous laissons tous des traces dans le passé. Il ne faut pas avoir peur de les affronter, car il est important de regarder en arrière pour pouvoir comprendre d'où l'on vient.

8 SE LANCER

Une fois que vous avez fait le point, vous pouvez vous lancer dans la pratique de la méditation. Maintenant que vous avez établi la carte de votre vie, laissez le passé derrière vous sans hésitation et regardez vers l'avenir. Cette journée est peut-être celle où vous allez faire le premier pas et commencer à changer pour une vie meilleure.

UNE NOUVELLE DIRECTION
Pour de nombreuses personnes, commencer la méditation représente un véritable virage, un carrefour de la vie. Sa pratique aide simplement à être soi-même et à mieux se connaître.

LE PREMIER PAS
Un vieux proverbe dit « Un voyage d'un millier de kilomètres débute par un seul pas. » La méditation est un voyage vers la découverte de soi. Partez à votre rencontre lorsque vous vous sentez prêt.

9 TENIR UN JOURNAL

Tenir un journal de vos méditations favorise un changement intérieur. Ne vous encombrez pas de recherche stylistique, mais écrivez plutôt au plus près de vos ressentis. Chaque chapitre est un peu comme un instantané dans un album que vous pourrez redécouvrir plus tard. Notez vos méditations et les difficultés rencontrées. Faites un résumé de toutes vos expériences, en essayant de fixer l'essence de chacune d'entre elles dans une seule réalisation.

Jetez juste quelques brèves notes sur le papier. En aucun cas cet exercice ne doit devenir une corvée.

LA RÉALISATION
La réalisation est l'essence écrite de chaque séance de méditation.

ÉCRIRE SANS ATTENDRE
Prenez l'habitude d'écrire juste après chaque méditation car les souvenirs sont plus précis lorsque la mémoire est fraîche.

L'Apprentissage de la Méditation

10 Créer l'environnement adéquat

Le bon endroit pour méditer dépend de votre mode de vie et de l'espace dont vous disposez. L'idéal est, bien sûr, un endroit calme dans lequel vous pouvez vous rendre régulièrement. Vous choisirez une pièce agréable, simple, qui dispose d'un éclairage naturel. Pour instaurer une impression de paix dans votre refuge, gardez-la propre et rangée. Si, malgré tout, des facteurs extérieurs viennent troubler cette quiétude, essayez de ne pas vous laisser troubler. Vous ne pourrez pas contrôler tous les bruits. Avec l'expérience, vous parviendrez à entrer en méditation dans n'importe quel lieu.

▽ Au Chaud
Si vous comptez rester assis pendant un long moment, couvrez-vous. Prenez soin d'être installé confortablement, surtout si vous êtes dehors ou dans une pièce sans chauffage.

Enveloppez-vous dans une couverture bien chaude

Pour vous asseoir dehors, un tapis ou une couverture sont indispensables.

△ Scène Extérieure
Si les conditions s'y prêtent, vous aurez peut-être envie de méditer dehors. Choisissez un endroit tranquille où vous ne risquez pas d'être dérangé.

△ LA BONNE POSTURE
Si vous êtes assis dans un fauteuil ou couché, vous risquez de vous endormir. Mieux vaut méditer assis sur une chaise (voir p. 18).

Si le sol est dur ou froid, utilisez un tapis ou une serviette.

▽ CONFORTABLEMENT ASSIS
Prenez un coussin pour être plus à votre aise lorsque vous vous asseyez par terre. Gardez aussi une couverture près de vous pour vous réchauffer après votre méditation.

△ UN PETIT RECONSTITUANT
Il est possible que vous vous sentiez légèrement fatigué après une longue méditation. N'hésitez pas à boire une boisson chaude.

GARE AUX DISTRACTIONS !
Faites en sorte de supprimer toutes les sources de distraction : débranchez le téléphone, par exemple. Essayez de faire abstraction des bruits extérieurs : voisins, animaux ou voix d'enfants.

11 QUAND MÉDITER ?

Le moment où votre méditation sera le plus bénéfique est tôt le matin car vous êtes en pleine forme. En revanche, il y a de fortes chances que vous vous laissiez distraire si vous essayez à un moment de la journée très chargé ou bien si vous avez bu beaucoup de café ou d'alcool.

Après un bon repas, ou lorsque vous êtes fatigué, vous risquez de vous endormir

12 La durée idéale d'une séance

Pour commencer, cinq minutes de méditation par jour suffisent. Une longue séance n'est pas forcément plus bénéfique qu'une courte, surtout si vous avez peu d'expérience. En revanche, essayez de méditer régulièrement. Si vous prenez la peine de répéter cet exercice chaque jour, vous obtiendrez très rapidement des résultats. Au fil de votre progression, vos séances s'allongeront et vous pourrez alors choisir ce qui vous convient le mieux.

CINQ MINUTES PAR JOUR

13 Se détendre

La relaxation est un excellent prélude à la méditation. Asseyez-vous confortablement *(voir p. 18)*. Respirez lentement et profondément. Répétez les phrases ci-dessous tout bas pour vous-même et sentez votre corps se détendre. « Les muscles de ma tête et de mon visage se détendent : je suis détendu. ■ Les muscles de mon cou se détendent : je suis détendu. ■ Les muscles de mes épaules et de ma poitrine se détendent : je suis détendu. ■ Les muscles de mes bras et de mes mains se détendent : je suis détendu. ■ Les muscles de mes jambes et de mes pieds se détendent : je suis détendu. Je me sens détendu. ■ Mon esprit est calme. Mon corps est calme. Je suis détendu. Mon esprit est actif. Mon esprit est éveillé. »

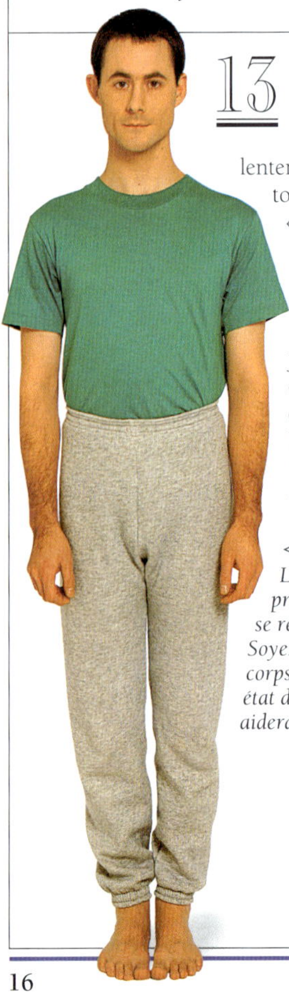

◁ Le Langage du Corps
Les relaxations physique et mentale procurent un sentiment de bien-être et se révèlent bénéfiques sur la santé. Soyez conscient du langage de votre corps, il reflète votre vitalité et votre état d'esprit. L'exercice ci-dessus vous aidera à vous détendre.

Pas de Précipitation ▷
Apprendre à se détendre est un précieux atout pour combattre le stress. Prenez le temps de pratiquer une relaxation. Avec l'expérience, vous n'aurez plus besoin de ce préliminaire.

14 REPÉRER LES TENSIONS

Une grande partie des tensions dues aux émotions refoulées s'accompagne de douleurs musculaires, qui se manifestent plus particulièrement dans certaines parties du corps, comme le cou, les épaules et le dos. Si des contractures persistent après l'exercice de relaxation *(voir p. 16)*, pratiquez alors quelques massages ou effectuez ces exercices régulièrement. Prenez soin de ne pas vous froisser un muscle. Respirer profondément et compter vos respirations *(voir p. 19)* peut vous aider à évacuer les tensions accumulées. Ensuite, vous serez en mesure de vous asseoir confortablement pour la méditation.

Poussez la tête en arrière contre vos mains aussi fort que vous le pouvez sans relâcher.

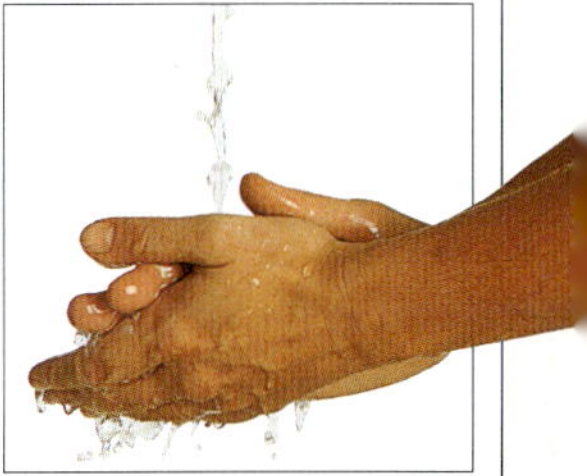

△ SE RAFRAÎCHIR
Se laver les mains vous prépare psychologiquement à nettoyer vos cellules grises encrassées. Un bain chaud permet aussi de se détendre.

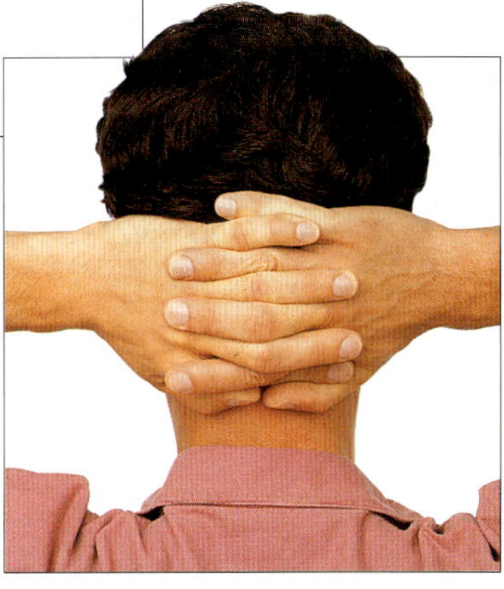

DÉTENDRE LE COU
Cet exercice vous soulagera, surtout si vous êtes resté assis longtemps. Mains jointes derrière la nuque, épaules en arrière, poussez votre tête en arrière, contre vos mains.

ATTENTION À VOTRE MODE DE VIE
Soyez à l'écoute de votre corps. Si des tensions physiques profondes persistent, cherchez-en la cause. Essayez de faire davantage d'exercices de relaxation.

15 Une position confortable

Bien souvent, les exercices de méditation nécessitent une posture assise confortable. Mal assis, nous nous laissons distraire et restons difficilement immobile. La posture traditionnelle en tailleur est recommandée pour les longues méditations. Toutefois, elle demande un peu d'entraînement et peut sembler difficile au début si vous manquez de souplesse. Asseyez-vous de manière à garder la tête et le cou dans le prolongement de la colonne vertébrale, le dos bien droit. Détendez les épaules. Vous pouvez aussi vous agenouiller sur un petit banc ou un coussin ferme. Posez les mains paumes vers le ciel pour qu'elles ne s'agitent pas.

Les mains sont posées sur les cuisses, les paumes tournées vers le haut.

△ **Posture Égyptienne**
Restez assis sur une chaise, le dos contre le dossier. Cette posture doit son nom à sa ressemblance avec celle des statues égyptiennes.

Position en Tailleur ▷
Asseyez-vous sur un coussin ferme et restez immobile, la colonne vertébrale bien droite. Posez les mains sur les genoux et fermez les yeux, ou gardez-les mi-clos.

Les vêtements amples et confortables facilitent la relaxation.

Stable mais Détendu
La position droite, assise en tailleur, est préconisée. Elle facilite la méditation car elle procure à la fois stabilité, détente et confort.

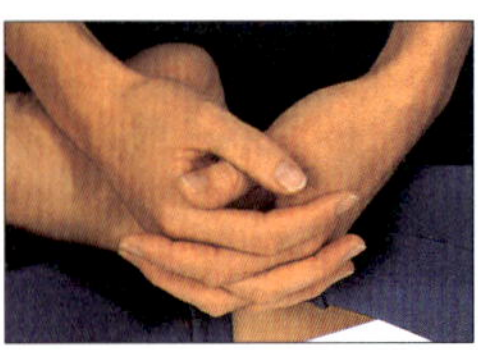

Les Mains au Naturel
Posez les mains sur les genoux. Elles doivent être jointes et complètement décontractées. Cette posture est très naturelle.

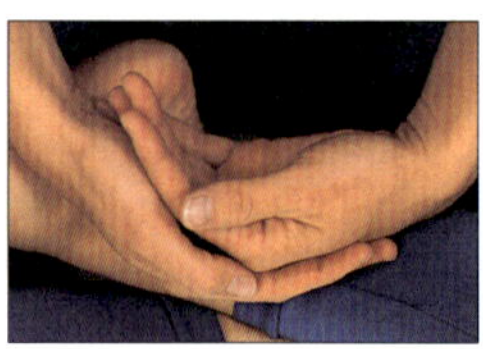

Les Mains du Bouddha
Posez les mains en coupe, l'une dans le creux de l'autre. Dans cette posture, vérifiez que les extrémités de vos pouces se touchent.

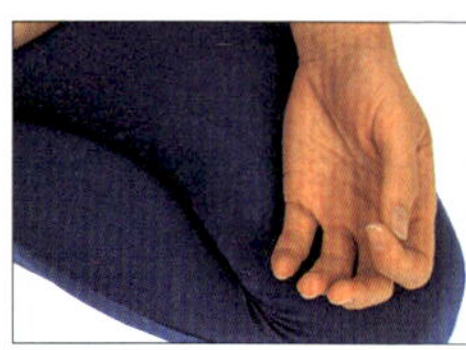

Le Mudra
En Inde, chaque geste a une signification. Pour méditer, placez votre index en contact avec le pouce, la paume restant ouverte.

16 LA RESPIRATION ABDOMINALE

La respiration se fait la plupart du temps de façon imperceptible. Faites l'expérience. Si vous gardez une main en haut de la poitrine pendant un moment, vous ne sentirez probablement qu'un léger mouvement. Les techniques de sensibilisation à la respiration sont à la base de la méditation. Pour aiguiser la conscience tout en apaisant l'esprit, vous devez porter votre attention sur la respiration. Respirez par le ventre plutôt que par la poitrine pendant quelques instants, profondément et régulièrement. Inspirez longuement par le nez : votre diaphragme s'affaisse tandis que votre abdomen se soulève. Lors de l'expiration, l'inverse se produit. Appliquez-vous à observer chacune des phases de ce cycle.

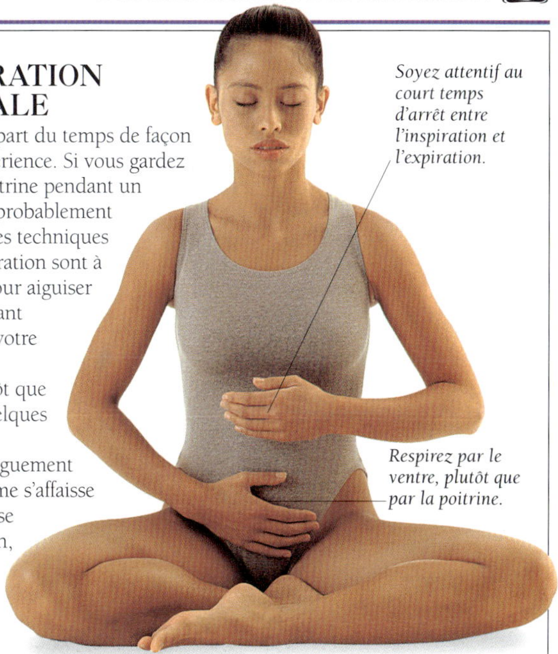

17 COMPTER LES RESPIRATIONS

Si vous prenez la peine de compter les respirations, vous vous sentirez « clair » et reposé. Cette pratique est couramment utilisée pour harmoniser le corps et l'esprit. Se concentrer sur son rythme respiratoire et compter mentalement sans commettre d'erreur ou perdre sa concentration possède un pouvoir extraordinairement relaxant. Comptez de 1 à 10, puis recommencez. La méthode la plus simple est de compter 1 pendant l'inspiration puis 2 pendant l'expiration, et ainsi de suite jusqu'à 10. Autre variante, comptez 1 pour un cycle complet, c'est-à-dire inspiration et expiration.

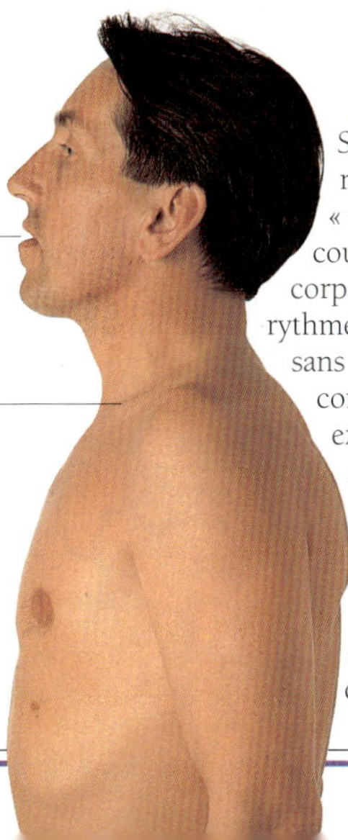

BIEN EXERCÉ
La méditation habitue votre esprit à observer. Votre respiration est un bon sujet d'étude.

18 Entrer en méditation

La méditation apporte des changements considérables dans la vie. Élargir son niveau de conscience, éveiller son potentiel intérieur implique de passer d'un état physique et mental à un autre, un peu comme si vous franchissiez un seuil symbolique. Choisissez une posture assise. Lorsque vous vous sentez calme et détendu, que votre respiration est profonde et rythmée, imaginez-vous en train de franchir le seuil. Une fois de l'autre côté, pensez au sujet de votre méditation. Cette image du seuil vous aide-t-elle ?

Une Porte Ouverte
Visualisez l'encadrement de la porte pendant la relaxation en surveillant votre posture et votre respiration.

Si c'est difficile au début, persévérez. Avec l'expérience, vous franchirez le seuil avec facilité.

19 Que faire en cas de distraction ?

Vos pensées ne s'arrêtent jamais ! Vous allez vite prendre conscience qu'une foule de distractions vient perturber votre méditation. Si vos pensées vagabondent alors que vous cherchez le calme intérieur, ne vous laissez pas distraire. Ramenez votre esprit au sujet choisi. En cas de difficulté, ne vous découragez pas, recommencez. Ces perturbations sont fréquentes, aussi soyez indulgent avec vous-même. Vous devez laisser les pensées passer, sans vous y arrêter.

20 Sortir de la méditation

Quand vous avez épuisé votre sujet, efforcez-vous de relâchez votre concentration. Dissipez toutes les images de votre esprit de façon à franchir le seuil en sens inverse, et accordez-vous quelques instants de réadaptation pour vous recadrer sur le monde extérieur. Laissez à votre corps le temps de retrouver une respiration plus normale. Si vous désirez garder des souvenirs, notez tout ce qui vous semble important.

Sortez d'une méditation tranquillement, prenez votre temps, surtout au début. Avec l'expérience, vous pourrez accélérer.

Une Porte Fermée
À la fin de la séance, regardez-vous franchir le seuil pour rejoindre le monde extérieur.

21 AU PLUS PROFOND DE VOUS-MÊME

La méditation permet de découvrir tout ce qui est enfoui au fond de soi. Imaginez un château avec une multitude de pièces et de portes, et préparez-vous à le visiter. Allez vers une porte où est inscrit votre nom. En l'ouvrant, vous découvrez un escalier en colimaçon. Descendez doucement les marches. Tous vos sens doivent être en alerte pour visualiser la scène. Symboliquement, le château vous représente, et l'escalier vous conduit au centre de vous-même. Pour mettre fin à votre méditation, effectuez le parcours en sens inverse.

LA SUITE DU PARCOURS
Arrivé en bas de l'escalier, imaginez une pièce calme où vous pouvez vous reposer. Vous êtes le maître des lieux, continuez comme bon vous semble.

MONDE INTÉRIEUR
Maintenant que vous avez visualisé la porte qui mène à votre monde intérieur, utilisez la méditation comme un travail d'ouverture.

22 PROGRESSER

Les bienfaits d'une séance de méditation sont comparables à des gouttelettes d'eau qui remplissent un récipient. Individuellement, chacune est minuscule, mais ajoutées les unes aux autres, ces gouttelettes entraînent des changements perceptibles. Vous vous sentez beaucoup plus calme et vous ne vous laissez plus dominer par des sentiments comme la colère. Les progrès sont parfois infimes, à tel point que vous pouvez imaginer que rien ne se passe réellement. Ne vous découragez pas, vous pourrez bientôt apprécier l'ampleur des transformations survenues. La méditation permet d'ouvrir les yeux, elle développe un regard neuf. Sans vous en rendre compte, vous progressez continuellement.

COMME DES ONDES SUR L'EAU
Comme des ondes sur l'eau, chaque gouttelette a des répercussions sur votre vie.

SYMBOLES ET IMAGES

23 L'IMPORTANCE DU SYMBOLE

Un symbole n'a pas besoin de mots pour être porteur de sens. Il peut avoir plusieurs interprétations. Les symboles modernes, comme les icônes informatiques, font souvent appel à des procédés mnémotechniques. Les symboles plus anciens sont porteurs d'idées. La menora, par exemple, est spécifique à la tradition juive. La bague, qui incarne l'amour éternel, est un symbole universel, c'est-à-dire qu'il représente un langage partagé par tous. Considérez les symboles comme des raccourcis vers un sujet de méditation donné.

LE MANDALA TIBÉTAIN
Chaque couleur, chaque partie et chaque dessin de cette carte symbolisent le sens de l'univers.

Un mandala décrit généralement des états de l'esprit et de l'être.

Un méditant parcourt le monde du mandala comme s'il s'agissait d'un lieu réel.

DES IDÉES DANS LES IMAGES
La méditation utilise de nombreux symboles permettant d'appréhender des concepts comme l'amour, le temps, la sagesse ou la solidarité.

SYMBOLE DE PAIX ET D'ESPOIR

24 LES SYMBOLES TRADITIONNELS

FEUILLES PERSISTANTES

Chaque culture possède des symboles traditionnels qui véhiculent des concepts spirituels, religieux ou sociaux. La bougie allumée est universellement reconnue comme symbole de paix et d'espoir. En Occident, les arbres à feuilles persistantes représentent le fil de la vie. La nourriture est également chargée d'une symbolique. En Orient, le riz est symbole de vie et d'abondance. Quels sont les symboles que vous utilisez souvent ? Cherchez les symboles traditionnels qui ont un sens pour vous.

LA ROSACE ▷
La rosace, alliance du symbole du cercle et de celui de la rose, illumine de nombreuses cathédrales chrétiennes. Elle est l'équivalent du mandala en Occident.

25 LA NATURE, SOURCE DE SYMBOLES

Les innombrables symboles fournis par la nature font partie du langage universel de la mythologie, des légendes et du folklore. La mer, le ciel et les caractéristiques de la nature sont des symboles. Partout dans le monde, le soleil est source de vie ; la lune incarne la croissance et les cycles du temps ; la montagne symbolise la force et l'endurance. Repérez dans l'environnement certains éléments naturels que vous utilisez régulièrement pour leur portée symbolique.

LE POUVOIR DE LA NATURE
Les chutes d'eau symbolisent un endroit revitalisant et foisonnant, et le fleuve le cours de la vie. L'eau représente aussi la fertilité et la pureté.

26 DÉCOUVREZ VOS PROPRES SYMBOLES

L'histoire symbolique et universelle de l'humanité est passionnante. En réalité, elle recèle un langage secret, qui est en même temps commun à tous. Cherchez des images dans différents domaines – l'art, l'architecture, la littérature – et faites appel aux contes de fées. De nombreux symboles comme le dragon, l'œil, le serpent ou bien la lune sont très anciens. Choisissez-en un et tracez sa trajectoire à travers les différentes traditions mythologiques et folkloriques. En règle générale, c'est un excellent moyen pour découvrir le sens originel de ce symbole et ce qu'il signifie pour vous aujourd'hui.

27 L'ŒIL DE L'ESPRIT

Utilisez-vous souvent l'œil de votre esprit ? Vous pouvez faire appel à la visualisation à chaque fois que vous souhaitez évoquer un souvenir ou une expérience autrement que par des mots. Cette technique permet de créer des images descriptives dans votre imagination. Par exemple, prenez le mot « rose ». Vous allez lui associer sans peine certains termes. Maintenant, composez dans votre esprit l'image d'une rose en bouton. Essayez de la recréer aussi parfaitement que possible, puis laissez le bouton s'ouvrir pour donner naissance à la fleur. Regardez la couleur des pétales, imaginez leur douceur. Quelles autres associations vous viennent à l'esprit ? Plus vous faites appel à votre imagination créative, plus vous la développez. Lors de vos méditations, la visualisation vous aide à utiliser des images dont vous avez besoin comme support.

Servez-vous de votre pouvoir d'évocation pour sentir le parfum de la rose.

PENSEZ VISUELLEMENT

Visualiser est un autre moyen de penser. Plus vous l'utilisez, plus cette technique vous aide pendant vos méditations et au quotidien.

28 LE POUVOIR DE L'IMAGINATION

Pour créer des images dans « l'œil » de votre esprit pendant une méditation, apprenez à utiliser votre imagination visuelle. Ayez confiance en vous, refusez toute idée préconçue qui pourrait limiter votre sens imaginatif. Imaginez-vous avec un disque blanc à la main. Après avoir écrit votre nom dessus, lancez-le en l'air. Regardez-le prendre de l'altitude jusqu'à ce que vous soyez aveuglé par la luminosité du ciel. Le disque disparaît alors de votre champ visuel. Lorsque vous regardez de nouveau, un oiseau blanc plane dans votre direction. Regardez-le. Quelque chose tombe du ciel vers vous : c'est un œuf de cristal. Tendez la main pour l'attraper. L'oiseau a disparu mais, si vous examinez l'œuf de plus près, vous découvrez l'image d'un oiseau gravé dessus.

VOL FANTAISISTE
Les enfants ont une imagination fertile. Vous pouvez entretenir la vôtre en créant un paysage intérieur (voir p. 27).

LES IMAGES INTÉRIEURES
Si vous méditez sans l'aide d'un symbole ou d'une image, la concentration vous aidera à apaiser votre esprit.

29 SE CONCENTRER

La méditation implique une concentration intérieure pour freiner la dispersion mentale. Il ne s'agit pas de supprimer les pensées ou de les retenir, mais bien au contraire de les laisser passer sans se laisser distraire. Votre esprit doit rester concentré sur son sujet. Pour cette étape essentielle de la pratique de la méditation, les maîtres recommandent en général d'utiliser un symbole. Il peut vous servir de point d'ancrage à chaque fois que votre esprit s'égare. Observez l'image et commencez à établir les associations liées à votre sujet de méditation. Si vous gardez toujours la même image, vous fixerez votre pensée plus facilement.

GARDEZ LE MÊME SYMBOLE.

30 La technique de visualisation

Pour méditer avec plus de facilité, la visualisation est un outil efficace. Cette forme de pensée peut aussi vous aider dans toutes sortes de tâches. Par exemple, vous pouvez l'utiliser à chaque fois que vous souhaitez mémoriser tous les articles d'une liste, meubler une pièce, disposer un jardin, préparer un inventaire, et bien d'autres choses encore. Avec de l'entraînement, vous améliorerez cette capacité. Lorsque le téléphone sonne, visualisez votre interlocuteur. Au lieu de lire un roman ou d'écouter une cassette comme d'habitude, entraînez votre imagination à voir, et écouter en images.

31 En cas de difficultés...

Si vous éprouvez des difficultés à visualiser, amenez une image à votre esprit en utilisant vos autres sens (l'ouïe, le toucher, le goût et l'odorat). Servez-vous de votre pouvoir d'évocation. Votre mémoire est remplie d'expériences et de sensations qui peuvent vous être utiles. Par exemple, imaginez l'odeur de l'air marin ou le bruit de la neige crissant sous les pas. Voyez avec lequel de vos cinq sens vous vous sentez le plus à l'aise.

Le toucher : *fermez les yeux, souvenez-vous de la douce sensation de la fourrure d'un chat.*

Des Expériences Vivantes

Plus vous sollicitez vos sens, plus vos expériences intérieures sont vivantes.

L'ouïe : *concentrez-vous sur un instrument de musique et écoutez le son de sa mélodie.*

Le goût : *efforcez-vous de différencier plusieurs goûts dans votre esprit.*

L'odorat : *aiguisez votre nez et laissez-vous enivrer par le parfum d'une fleur.*

32 LE VOYAGE INTÉRIEUR

Libérez l'artiste qui est en vous et dessinez un paysage intérieur. L'esprit est un outil puissant, utilisez-le pour effectuer un voyage et élargir votre horizon. Vous êtes debout près d'une grille qui mène dans un champ. En avançant tout droit, vous voyez un arbre. Un seul. À quoi ressemble-t-il ? Posez d'abord vos mains sur l'écorce puis détachez une feuille. Ensuite, asseyez-vous, le dos contre le tronc, et méditez sur l'arbre lui-même. Pour terminer, revenez sur vos pas et laissez l'image s'évanouir.

Soyez aussi attentif à l'image d'ensemble qu'aux détails.

33 DÉVELOPPER SA CRÉATIVITÉ

Une simple pratique méditative affine tous les sens. Dans votre vie quotidienne, vous serez plus observateur et plus conscient. Vous pouvez découvrir et entretenir votre créativité spécifique grâce au pouvoir de votre imagination *(voir pp. 22 à 36)* et à vos capacités de visualisation. Il existe diverses formes de créativité ; éveiller son potentiel intérieur contribue au développement personnel. Faire un travail sur soi s'inscrit sans conteste dans une démarche qui permet de devenir acteur de sa vie, de mieux gérer ses émotions et toutes sortes de contraintes quotidiennes.

POUR UN MEILLEUR PROFIT
Toute aptitude créatrice maintient votre esprit éveillé, et vous aide à tirer le meilleur profit de vos méditations.

DONNEZ LIBRE COURS À VOTRE CRÉATIVITÉ
Le papillon symbolise des changements spectaculaires. C'est aussi un ancien symbole de l'âme.

Apaiser le Mental

34 Le zazen

Le zazen, qui signifie « méditer assis », est une pratique essentielle du zen bouddhiste. Cette posture consiste simplement à s'asseoir, les yeux mi-clos, face à un mur pour éviter toute distraction. Des « images-pensées » s'élèvent comme des bulles, apparaissent à la surface de la conscience. L'objectif de la méditation consiste à les laisser passer, sans les freiner ni les entretenir. Si vous vous concentrez sur la posture, sur la respiration profonde, sur l'expiration, vous pourrez atteindre un grand calme. Pour cela, comptez vos respirations en vous concentrant *(voir p. 19)*. Efforcez-vous de ne pas penser du tout. Cette technique *(voir pp. 28 à 31)* vous aidera à discipliner vos pensées et à atteindre la sérénité.

Le Jardin Zen
Ce moine contemple un jardin zen. Les lignes de gravier soigneusement ratissées sont des objets de méditation.

Le singe n'est jamais calme

35 L'image du singe

Les bouddhistes comparent un esprit inexpérimenté à un singe qui saute de branche en branche. Instable, le singe est en perpétuel mouvement. Cette image paraît peu flatteuse, mais si vous vous amusez à observer vos pensées vagabonder d'un sujet à un autre, sans ordre apparent, vous verrez qu'elle est appropriée. Vous pouvez constater à quel point vous vous laissez envahir en permanence par votre mental. Efforcez-vous de prendre conscience du cours de vos pensées régulièrement… et calmez ainsi le singe qui est en vous.

36 LE FLUX DES PENSÉES

Le cours de la conscience comprend tout ce qui vous traverse l'esprit. Asseyez-vous tranquillement, tournez votre attention vers l'intérieur et contentez-vous pendant quelques minutes de regarder le flux vos pensées. Une seule consigne : ne pas juger, ne pas critiquer, simplement être témoin. Au début, c'est difficile. Toutes les techniques de méditation ont le même but : permettre peu à peu à l'esprit de se clarifier et de s'apaiser. Vous allez être étonné de ce que vous allez découvrir en peu de temps : souvenirs anciens, projets ou encore images inattendues.

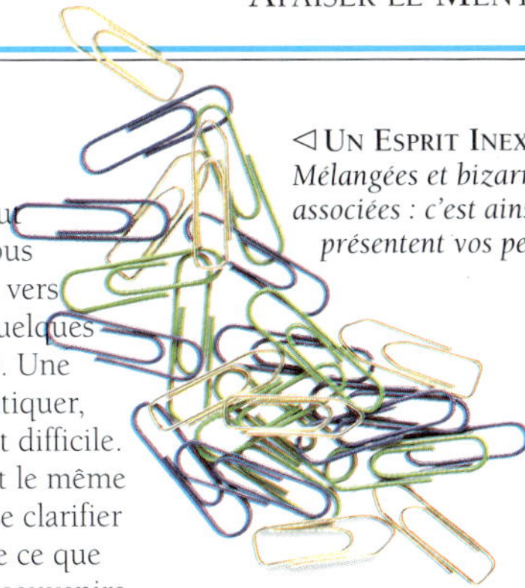

◁ UN ESPRIT INEXERCÉ
Mélangées et bizarrement associées : c'est ainsi que se présentent vos pensées.

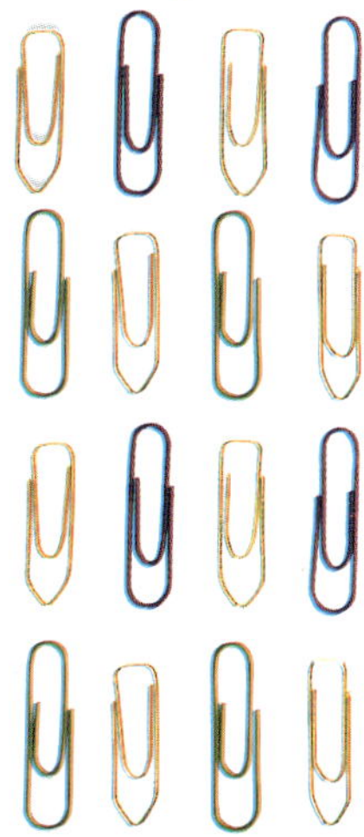

UN ESPRIT EXERCÉ ▷
Pour mettre de l'ordre dans votre esprit, observez le cours de vos pensées et restez détaché.

◁ PRENEZ DES NOTES
À la fin de chaque séance, notez tout ce dont vous vous souvenez.

37 PRENDRE LE TEMPS DE S'ASSEOIR

Être assis sans bouger peut paraître inutile au début, notamment si vous êtes généralement très actif. Toutefois, ce serait une erreur de croire que rester assis équivaut à ne rien faire. Vous rééduquez votre mental pour qu'il soit plus efficace et plus créatif. Il est nécessaire que vous vous ménagiez de courtes périodes de calme intérieur pour régénérer votre corps et votre esprit. Loin de perdre votre temps, vous faites un bon usage d'un instant assez bref. Ne vous laissez pas envahir par la culpabilité, accordez-vous du temps.

38 LE DÉTACHEMENT

Avez-vous déjà regardé à l'intérieur de votre esprit ? Efforcez-vous de rester indifférent et neutre face au déroulement de la pensée. Le méditant n'alimente pas les pensées qui se bousculent, il les laisse couler avec indifférence, comme s'il s'agissait d'idées étrangères. Elles deviennent alors comme des nuages qui traversent le ciel ou des articles sur un tapis roulant. Chacune apporte de nouvelles associations. Si vous en êtes conscient tout en gardant votre esprit détaché, alors vous êtes sur la bonne voie.

SI LES PENSÉES QUI TRAVERSENT VOTRE ESPRIT CAPTENT VOTRE ATTENTION, LAISSEZ-LES S'ÉLOIGNER.

39 FAIRE LE VIDE

Votre esprit est-il surchargé de pensées indésirables ? Si tel est le cas, commencez par faire de la place. Avant toute chose, prenez conscience du rythme de la pensée qui vous traverse en une infinie succession d'élans. Concentrez-vous sur le moment de répit entre la fin d'une pensée et le début d'une autre. Pendant cette période, même très brève, essayez de vous reposer mentalement. Avec l'expérience, vous pourrez allonger ce court laps de temps et débarrasser votre esprit de ce qui l'encombre.

PRENEZ VOTRE TEMPS
Inutile de faire le vide dans votre esprit si vous n'avez pas d'abord observé vos pensées. Progressez lentement afin de construire des bases solides pour l'avenir.

FAIRE LE VIDE DANS SON ESPRIT PROCURE UNE OUVERTURE ET UNE CLARTÉ D'ESPRIT.

40 UN MOMENT DE SILENCE

Difficile dans notre monde moderne d'échapper au bruit ! Vous devez accepter tous les bruits qui vous entourent. Toutefois, de temps en temps, efforcez-vous de vous ménager une pause silencieuse. Le silence est reposant. Trouvez le moyen de vous isoler chez vous ou ailleurs, dans la nature. Coupez la radio ou la télévision de façon à prendre des distances. La pratique du silence vous sera utile si vous subissez parfois des agressions sonores. Par ailleurs, le silence prépare à un état intérieur fait de disponibilité et de calme, propice à la méditation.

OUBLIEZ LE BRUIT
Ménagez-vous des pauses de silence, vous apprendrez à écouter davantage les différents sons qui vous entourent.

41 ATTEINDRE LA SÉRÉNITÉ

Cet exercice a pour objectif de réaliser une harmonie entre le corps et l'esprit. Asseyez-vous à votre aise, en prenant soin d'avoir suffisamment chaud si vous êtes à l'exterieur. Relaxez-vous complètement et profondément.

Entrez en méditation en comptant vos respirations (*voir p. 19*). Lorsque les pensées commencent à défiler, contentez-vous de regarder leur flux. Calmement assis, concentrez-vous sur votre respiration.

UN ENDROIT CALME
Profitez de la beauté des paysages naturels pour pratiquer la méditation dehors.

LES BIENFAITS DE LA TRANQUILLITÉ
Plus vous prendrez le temps de vous asseoir calmement, plus vous atteindrez la sérénité.

MÉDITER SUR LES COULEURS

42 DU BON USAGE DES COULEURS

Les couleurs revêtent un sens particulier pour chacun de nous. Pourtant, il existe un symbolisme universel. Le rouge, par exemple, symbolise sans conteste le danger. Les couleurs influent aussi sur l'humeur et se prêtent au jeu des émotions. Ainsi, le rouge signifie colère et passion. Pour bénéficier des vertus d'une couleur essentielle à votre équilibre, visualisez-la. Chaque ton envoie sa vibration ; imaginez-le dans sa profondeur et sa richesse. Chacun porte sa propre charge d'influence : appropriez-vous les qualités que vous recherchez.

LA ROUE DES COULEURS
Pensez à toutes les qualités que vous souhaitez développer. Concentrez-vous sur une couleur.

△ UN SPECTACLE PRIVILÉGIÉ
Les arcs-en-ciel ont la réputation de porter chance, peut-être parce qu'ils comportent toutes les couleurs du spectre, et donc toutes les qualités qui y sont associées.

UNE RÉFÉRENCE UNIVERSELLE
Les couleurs font partie de notre environnement. Les pages suivantes vous aideront à exploiter leurs associations puissantes dans vos méditations.

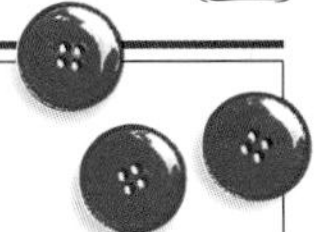

43 ROUGE : LA PUISSANCE

Couleur du sang, le rouge est lié à l'énergie vitale. Dans la tradition ancienne, les ocres rouges étaient utilisées lors des cérémonies funéraires pour symboliser une nouvelle vie au-delà de la mort physique. Le rouge est une couleur chaude, souvent perçue comme apportant force physique, puissance, passion et dynamisme mental. Le choix de cette tonalité en décoration d'intérieur peut procurer un effet écrasant. En revanche, c'est une couleur très populaire pour les voitures, car elle est symbole de puissance.

△ UNE FORCE TOUTE-PUISSANTE
Le rouge évoque invariablement le feu. Les deux sont signes de danger. Les panneaux d'avertissement sont toujours rouges.

LES QUALITÉS DU ROUGE
Si vous manquez de tonus, d'enthousiasme, de courage ou d'ancrage, concentrez-vous sur les qualités du rouge dans votre méditation.

44 ORANGE : LA VITALITÉ

L'orange est également une couleur chaude, moins forte cependant que le rouge. En effet, elle stimule plus qu'elle n'excite. Symbole de plaisir, de vitalité, d'amusement et de mouvement, l'orange est associé aux reflets du soleil couchant, aux fruits tropicaux et aux fleurs exotiques. C'est un stimulant émotif, qui développe brillance, activité et engagement. Si vous désirez déplacer des montagnes, devenir optimiste ou retrouver des sensations de gaieté, employez la couleur orange : elle vivifie ces qualités.

L'EMBRASEMENT DU SOLEIL COUCHANT
Regardez le soleil se coucher. C'est un spectacle grandiose lorsque le ciel s'habille un court instant de toutes les nuances d'orange.

FLANC DE COTEAU PARÉ DE JAUNE
Lorsque la nature se réveille, au printemps, le jaune semble surgir de partout.

45 JAUNE : LA CLARTÉ

Couleur du soleil, le jaune n'a cependant pas la chaleur des couleurs émotionnelles. Utilisé comme symbole dans tous les pays, il est considéré comme le ton le plus lumineux. Le jaune évoque l'activité mentale et l'inspiration créatrice. Vif, il est actif, favorise les travaux de l'esprit et l'élaboration de concepts. Si vous cherchez à voir plus clair dans vos pensées, pour prendre une décision importante par exemple, choisissez le jaune. Laissez entrer un rayon de soleil dès les premiers signes de confusion.

46 VERT : LE RENOUVEAU

Le vert est la couleur dominante de la nature. La chlorophylle, pigment vert naturel, aide la plante à capturer l'énergie solaire pour élaborer sa nourriture. Sans chlorophylle, il n'y aurait pas de plantes : c'est un exemple du lien naturel existant entre une couleur et la lumière. Très varié dans ses nuances, le vert équilibre ; il aide le corps et l'esprit à s'ouvrir. Cette couleur symbolise également le printemps, quand la lumière du jour stimule les nouvelles pousses. Dans vos méditations, utilisez le vert comme emblème de renouveau, de croissance et de guérison.

◁ LES NUANCES DE VERT
Le vert est la couleur de la croissance. Observez la multitude de nuances de vert dans la nature.

LA COULEUR DU RENOUVEAU

LES VERTS ▷
Les écologistes ont adopté la couleur verte comme symbole du respect de la nature.

Pour beaucoup d'animaux, le vert est une couleur de camouflage.

LES QUALITÉS DU VERT
Choisissez le vert si vous désirez prendre un nouveau départ, saisir de nouvelles opportunités ou améliorer un aspect de votre vie.

47 BLEU : LA SÉRÉNITÉ

Le bleu, couleur profonde, porte une promesse de bien-être et de tranquillité. Bienfaisante pour les nerfs, cette couleur opère une détente salutaire. Bleu comme le ciel, l'espace, etc. Les anciens Égyptiens vénéraient le lapis-lazuli, un minéral bleu azur, parfois moucheté d'or, qui symbolisait le ciel. De même, certaines églises russes orthodoxes ont des dômes bleus parsemés d'or. En règle générale, ces associations peuvent vous aider dans vos méditations à trouver la sérénité, la lucidité.

Lorsque vous vous sentez tendu, stressé, utilisez le bleu pour apaiser votre mental.

BLEU UNIVERS
Sur des papillons ou des oiseaux, la couleur bleue est particulièrement éblouissante et légère.

△ **LE GRAND BLEU**
Même si vous voyez les océans de la planète en bleu, ce n'est qu'une illusion : l'eau reflète la couleur du ciel. Vu de l'espace, le monde paraît très bleu.

48 Indigo : la spiritualité

L'indigo, bleu intense tirant sur le pourpre, est une couleur sombre et riche, rare à l'état naturel. Le pigment indigo est difficile à extraire, aussi cette couleur incarne-t-elle le mystère et le secret. Les pratiques spirituelles, comme la méditation, faisaient autrefois partie des sciences occultes. Par analogie, on associe l'indigo à la puissance impériale et à la religion. Il reste la couleur de l'attachement aux valeurs spirituelles, de l'accomplissement et de la conscience.

Les Qualités de l'Indigo
Si vous êtes soucieux d'incarner votre foi, ou en quête d'expériences mystiques, concentrez-vous sur l'indigo.

L'indigo est une couleur que l'on trouve peu dans la nature.

49 Violet : l'harmonie

Le violet est la couleur de l'intuition et de la sagesse. Dernière tonalité de l'arc-en-ciel, il s'oppose au rouge, tant par sa position que par ses qualités. Pour apaiser les passions, rien de mieux que le violet, qui développe un goût prononcé pour l'harmonie et l'unité partagée. Empreint d'un esprit sensible, il incarne sans conteste une vision globale plutôt que l'individualité.

Appréciez la couleur violette de fleurs éphémères, comme l'iris.

Les Qualités du Violet
Si vous vous sentez prêt à mettre de côté vos besoins et désirs personnels pour vous consacrer à la paix pour l'humanité, optez pour le violet.

50 BLANC : L'INTÉGRITÉ

Le blanc contient les sept couleurs de l'arc-en-ciel, il les accueille… La lumière blanche est synonyme d'intégrité et de pureté de l'esprit. Cette couleur a un effet apaisant : agiter un drapeau blanc équivaut à demander une trêve, c'est-à-dire la paix. Dans le monde entier, les rites de passage s'effectuent en blanc : le nouveau-né, la mariée, le défunt sont vêtus de blanc. Il se prête également aux cérémonies de baptême ou de communion. Le blanc reflète un idéal de clarté et de transparence, une quête de vérité dans les valeurs spirituelles.

BLANCHEUR IMMACULÉE
Faites appel à la couleur blanche pour soutenir votre quête d'intégrité et de pureté.

51 COULEUR ARGENT : L'INTUITION

La couleur argent rappelle la douce lumière lunaire. Elle représente le subconscient, les rêves et les sentiments cachés (une multitude d'endroits sur la lune restent inévitablement dissimulés). La lune est très présente dans la mythologie, où elle incarne les forces mystérieuses et cachées du mental et de l'esprit.

◁ ARGENT
La lune symbolise l'intuition féminine. Avec la couleur argent, partez à la découverte de votre subconscient.

La perle en argent est associée à la féminité et à la lune.

52 Couleur or : la perfection

L'or est inaltérable. Dans le monde entier, il symbolise la perfection et l'éternité. On a évidemment attribué à cette couleur la part d'éternité de la nature humaine, c'est-à-dire l'âme. Chaque civilisation réserve une partie de son or à la fabrication d'œuvres de la plus haute importance, notamment des statues sacrées et des objets de culte. Si vous souhaitez exprimer votre nature spirituelle, méditez sur la couleur or.

Les Qualités de l'Or
L'or est une couleur noble ; si vous souhaitez consacrer le meilleur de vous-même à une cause commune, méditez sur la couleur or. Laissez-vous inspirer.

Une Image Ternie
L'or peut susciter la convoitise lorsque son prix est très élevé.

Ce métal précieux et un symbole de grande valeur

53 Exercice sur l'arc-en-ciel

Vous pouvez méditer sur l'arc-en-ciel, symbole d'énergie. Imaginez-vous assis sous sa voûte, observez les bandes de couleurs et pensez aux qualités de chacune successivement. Il existe vraiment une magie des couleurs dont il faut savoir jouer pour se sentir bien. Chaque ton envoie sa vibration et porte sa propre force d'impact. Si vous les visualisez l'un après l'autre, comme une sphère de lumière à un endroit différent du corps, vous en ressentirez immédiatement les bienfaits. Pour conclure, une méditation sur l'ensemble des couleurs stimule la vitalité.

La lumière violette développe la spiritualité et la clarté de l'esprit.

La lumière indigo agit positivement sur l'intuition et la mémoire des rêves. Elle stimule les deux hémisphères cérébraux.

La lumière bleue, près de la gorge, influe sur la communication.

La lumière verte, située dans la région du cœur, exalte les sentiments amoureux et favorise l'éveil.

La lumière jaune, à l'endroit de l'estomac, stimule votre énergie vitale.

L'orange éveille le désir, l'envie d'expériences sexuelles et l'ouverture aux autres.

La lumière rouge permet de se réconcilier avec son corps.

Avoir Conscience de Chaque Moment

54 Être attentif

Chaque journée se compose d'une succession de moments ordinaires : vous pouvez choisir de les oublier ou de vous en souvenir. Vous avez sûrement pris l'habitude d'oublier les petits riens du quotidien. Essayez de vous rappeler ce que vous faisiez hier matin. Et ce matin, qu'avez-vous fait ? Au lieu de vous projeter « ailleurs », ne pensez à rien d'autre que ce que vous êtes en train de faire. Soyez attentif à chaque moment. Vous verrez que vous prendrez pleinement conscience de votre vie.

△ Rien n'Est sans Valeur
Soyez attentif à tout ce qui vous touche. Pour vivre en conscience, tout mérite d'être observé, sans jugement de valeur.

Un Bon État d'Esprit
Vous apprendrez vite, retiendrez facilement et profiterez de chaque situation si vous êtes dans un bon état d'esprit.

Faites attention à tous vos gestes, même les plus ordinaires, pour prendre conscience du temps qui passe.

55 Apprendre à s'observer

Une bonne connaissance de soi permet d'agir positivement sur sa vie. Où en êtes-vous de ce face-à-face avec vous-même ? Apprenez à vous observer : c'est indispensable pour prendre pleinement conscience de sa vie. Ayez un regard neutre sur vos faiblesses et vos forces, comme si vous aviez un témoin intérieur. Quel est votre état d'esprit ? Comment réagissez-vous dans telle situation ? Restez objectif ! Vous apprendrez beaucoup sur vous-même.

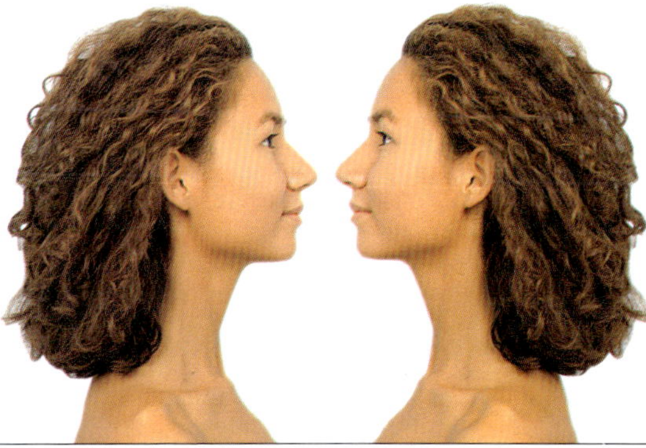

Se Regarder
Soyez votre propre miroir ! Contentez-vous d'observer, ne jugez pas. Vous verrez que vous effectuerez des pas de géant sur le chemin de la connaissance de votre « moi ». Devenez ainsi le sujet de votre méditation.

56 Surveiller sa respiration

La plupart des gens ne savent pas respirer. Essayez de respirer consciemment. Asseyez-vous confortablement dans une posture de méditation. Concentrez-vous sur le dessus de la lèvre supérieure ou l'extrémité du nez. Pendant quelques instants, respirez normalement en vous focalisant sur la sensation du contact de l'air. Répétez intérieurement « j'inspire » pendant l'inspiration et « j'expire » pendant l'expiration. Faites cet exercice pendant cinq minutes. Cette pratique de sensibilisation de la respiration aiguise la conscience et apaise l'esprit.

Le Calme Intérieur
Une respiration calme et profonde possède un pouvoir relaxant et favorise la méditation. Respirez profondément et régulièrement.

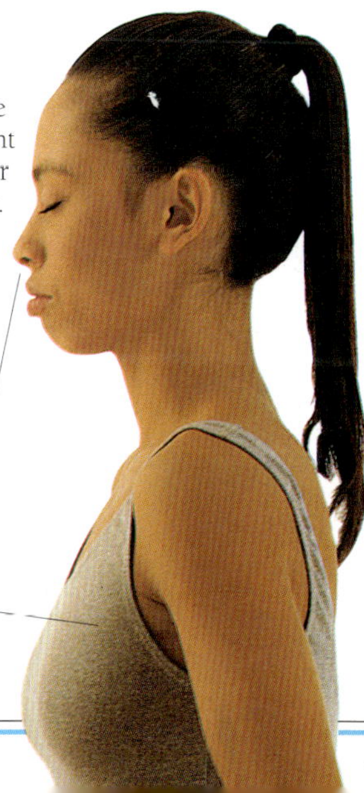

Essayez de percevoir le contact de votre respiration.

Dans la pratique du bouddhisme, la respiration consciente tient une grande place.

57 Surveiller son corps

Souvent, nous sommes devenus étrangers à notre propre corps. Soyez à son écoute pour apprendre à le connaître. Observez la façon dont vous bougez et réagissez. Notre corps reflète nos sentiments et nos émotions, et nous nous coupons parfois de la plupart des signaux que nous recevons. Le corps possède sa propre intelligence. À cet instant précis, qu'exprime-t-il ? De la joie, de l'accablement, de l'inquiétude, de la tranquillité, de la peur, de la confiance ? Regardez objectivement les signes qu'il vous envoie, cela vous renseignera sur votre mental.

Pas à Pas
Observez votre corps accomplir un mouvement physique simple. Commencez, par exemple, par décomposer un pas.

Une Attention Parfaite
Soyez conscient de tout ce qui se passe. Dans chaque situation, demandez-vous ce que vous éprouvez et ressentez.

58 Être attentif à ses réponses

Notez vos réponses et réactions face aux situations auxquelles vous êtes confronté. Posez-vous des questions. Aimez-vous ou détestez-vous telle chose ? Vous est-elle au contraire indifférente ? La prise de conscience requise permet de progresser sur le chemin de la connaissance de soi. Vos réponses peuvent être tout à fait prévisibles et attendues, mais elles peuvent aussi être l'occasion d'une rencontre surprenante avec vous-même. Au début, cet exercice peut vous sembler artificiel mais, au fil du temps, il deviendra naturel et facile.

59 ÊTRE À L'ÉCOUTE DE SON RESSENTI

Nos émotions sont une source inépuisable d'énergie. Les refouler ou les exacerber peut créer un déséquilibre physique ou affecter notre désir de changement. Les mêmes modes de comportement se répètent alors inlassablement. Pour mieux vous connaître, observez vos émotions en notant vos états d'esprit. Cette nouvelle conscience de soi permet de repérer les schémas répétitifs et d'y échapper. Si vous devenez le pilote de votre cerveau, vous saurez alors comment vous comporter ou réagir à tout moment.

À QUI LA FAUTE ?
Efforcez-vous d'aborder un conflit en excluant toute notion de culpabilité. Vous comprendrez alors mieux vos réactions.

SOYEZ HONNÊTE AVEC VOUS-MÊME
La culpabilité, la peur ou la jalousie sont des sentiments que nous cultivons fréquemment. Soyez positif ! Prenez aussi le temps de découvrir vos qualités.

60 LA VISION INTÉRIEURE

La vision intérieure surgit la plupart du temps dans un brusque moment d'intense clarté. Elle apporte une perspective nouvelle et précieuse sur la vie, comme une sensation profonde de posséder des connaissances qui ne sont pas fondées sur un enseignement formel. Plus vous vous observez, plus vous voyez clair en vous-même. Un moment de vision intérieure est une expérience personnelle qui permet d'entamer une véritable renaissance.

GAGNER UN MIEUX-ÊTRE

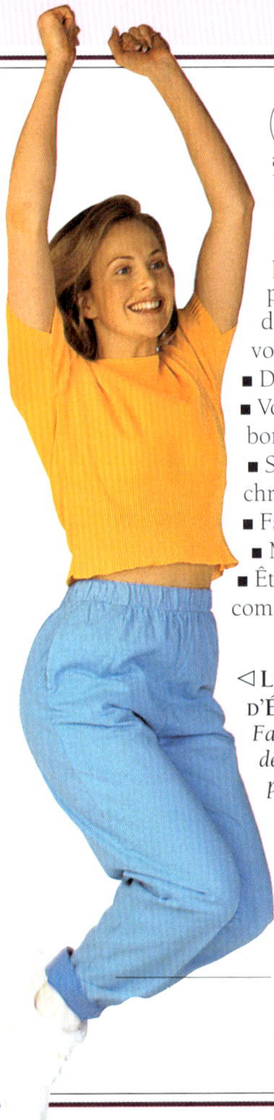

61 SANTÉ ET VITALITÉ

Toutes les méthodes de méditation développent une attitude du corps et de l'esprit bénéfique pour la vitalité. Par ailleurs, la conscience que vous développez vous aide à faire un bilan. La santé physique est liée à l'état émotionnel et psychologique. Répondez aux questions ci-dessous pour identifier les domaines de votre vie que vous pouvez améliorer.

- Dormez-vous bien ?
- Votre résistance et votre énergie sont-elles bonnes ?
- Souffrez-vous de maux légers mais chroniques, comme un rhume ou une toux ?
- Faites-vous régulièrement de l'exercice ?
- Mangez-vous équilibré ?
- Êtes-vous sujet à certaines dépendances, comme le tabac par exemple ?

◁ **LE PLEIN D'ÉNERGIE**
Faire de l'exercice développe une image positive de la vie. Vous aurez plus de tonus, et moins de petits maux sans gravité.

UN CERCLE VICIEUX ▷
Êtes-vous constamment fatigué ? Si vous êtes épuisé, la pratique de la relaxation vous aidera à trouver le repos dont vous avez besoin.

Faites quotidiennement du jogging ou marchez d'un bon pas.

TEMPS DE CHANGER
Les questions ci-dessus vous aideront à évaluer votre état de santé et à prendre des décisions bénéfiques pour un changement durable.

62 Évaluer son bien-être émotionnel

Votre capacité à établir et à entretenir une relation saine est un élément essentiel de votre bien-être émotionnel. Pour évaluer votre santé émotionnelle, posez-vous les questions suivantes :

- Vous faites-vous des amis facilement, et ces relations durent-elles ?
- Vous considérez-vous comme un bon ami (parent, partenaire, fils ou fille) ?
- Avez-vous des difficultés à exprimer clairement vos sentiments ?
- Êtes-vous sujet à la colère ?
- Savez-vous faire preuve d'indulgence pour vous et votre entourage ?

Partager un Fardeau
Si vous vous sentez accablé, n'hésitez pas à en parler à vos amis. Et vous, savez-vous prêter une oreille attentive à leurs soucis ?

Demander de l'Aide
N'ayez pas peur de demander de l'aide. Les thérapies de groupe peuvent vous aider à faire face à vos problèmes.

63 Exprimer ses émotions

Grâce à la méditation, vous prendrez conscience des liens existant entre le corps, les pensées et les sentiments. Si vous hésitez à exprimer clairement vos sentiments au moment opportun, vous risquez peu à peu de vous sentir le cœur lourd. La frustration chronique et la rancœur sont extrêmement gênantes. Repérez plutôt les causes cachées de vos petites contrariétés et dites ce que vous pensez le plus souvent possible.

Communication
Si vous avez des difficultés à communiquer, demandez de l'aide. Une tierce personne ou la méditation permettent souvent d'y voir plus clair.

64 SE FAIRE UNE CARAPACE

Méditer pour établir une unité entre le corps et l'esprit constitue l'un des meilleurs moyens pour accéder au bien-être. Si vous bloquez vos émotions, vous empêchez votre énergie vitale de circuler librement. L'énergie vitale représente le fleuve de la vie. Elle doit circuler de façon dynamique dans tout le corps, mais il lui arrive d'être stoppée. Le processus est parfois si lent que vous ne vous en rendez pas compte. Les traitements pour retrouver votre équilibre énergétique – par exemple acupuncture ou shiatsu, un massage énergétique japonais – agissent merveilleusement.

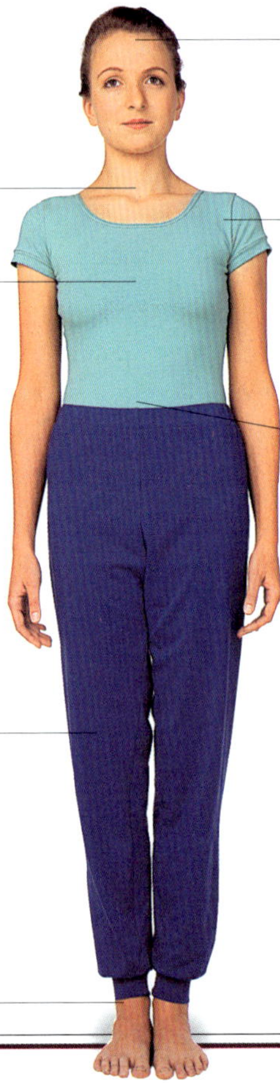

CONSULTER UN MÉDECIN
Soyez à l'écoute de votre corps de façon à décoder son langage émotionnel. Consultez toutefois un médecin en cas de symptômes chroniques.

65 Gérer le stress

Le bon stress est celui qui motive et permet de réussir. Lorsque le stress est provoqué par des conflits externes, il devient un fardeau. Apprenez à le débusquer pour mieux le neutraliser. Ne vous laissez plus déborder ! En cas d'emploi du temps chargé, redéfinissez vos priorités et vos objectifs quotidiens. Lorsque vous êtes prêt, ralentissez : adoptez une attitude positive, trouvez de nouvelles perspectives et décidez que vous êtes formidable. Il est primordial d'opter pour un nouvel art de vivre. Dix minutes de relaxation par jour suffisent pour un retour au calme intérieur de façon durable.

Les Symptômes du Mauvais Stress
Si vous cumulez les symptômes suivants, vous êtes sûrement candidat au stress : le pouls s'accélère, la pression artérielle augmente, la respiration devient plus rapide et la transpiration survient.

66 Étirement et relaxation

Apprenez à étirer votre corps et à le détendre lorsqu'il est noué par le stress. Les points de tension chronique peuvent être dus, par exemple, à une mauvaise position au travail. Vous pouvez pratiquer régulièrement des exercices d'étirement pour évacuer les déséquilibres dus à des traumatismes. Pour chasser les tensions, qui épuisent le corps et agissent sur l'état émotionnel, l'action thérapeutique du massage relaxant est efficace.

Des Mains qui Guérissent
Le rolfing est une méthode de massages profonds et intensifs destinée à soulager les blocages émotionnels anciens. Assurez-vous d'être pris en main par un professionnel qualifié.

67 LES MÉDITATIONS EN MOUVEMENT

Il existe des formes très diverses de méditation. La position droite, assise en tailleur, n'est pas la seule préconisée. Pour canaliser l'esprit, le mouvement est également efficace. Ce principe se retrouve dans plusieurs cultures. Le yoga (Inde) et le tai chi chuan (Chine) combinent le mental et le corps à travers la visualisation, la respiration et le mouvement. Ces pratiques anciennes engagent votre force vitale universelle (le *prana* indien ou le *chi* chinois). Ces systèmes dynamiques « corps-mental » sont par conséquent bénéfiques pour l'être tout entier.

◁ LE TAI CHI CHUAN
Les mouvements lents et précis permettent de repérer les flux de l'énergie en soi et développe la conscience aiguë du moment.

Portez des vêtements amples et confortables.

△ LE YOGA
Le yoga vise à l'harmonisation du mental, du corps et de l'esprit. Une large part est faite aux exercices de respiration. Chaque posture demande de la concentration.

Ne forcez jamais, chaque mouvement doit devenir souple et confortable.

La vie s'exprime à travers le mouvement.

DANSER ▷
Véhicule de méditation chez les derviches tourneurs ou moyen d'expression pour tous, la danse stimule et libère l'esprit.

Dansez uniquement pour vous-même.

L'ÉQUILIBRE NATUREL
Les techniques « corps-mental » sont bénéfiques pour la santé : elles développent la souplesse et la vivacité d'esprit. Leur pratique renforce l'énergie vitale.

68 La fontaine de la vie

Imaginez un profond bassin, source de vitalité et d'énergie. Inspirez et ressentez cette énergie comme une lumière liquide qui envahirait votre corps depuis la plante des pieds jusqu'en haut de la colonne vertébrale. Une fois parvenue à la tête, cette lumière jaillit comme une fontaine. Pendant l'expiration, percevez cette énergie qui redescend en cascade, sur tout votre corps jusqu'au sol. À chaque inspiration, vous vous sentez revitalisé. À chaque expiration, vous vous sentez purifié.

Un Exercice Revigorant
Pour bénéficier des effets de cette méditation, opérez un cycle complet de trois respirations. Mettez-la en pratique lorsque vous voulez être stimulé et purifié, avant une méditation en mouvement par exemple.

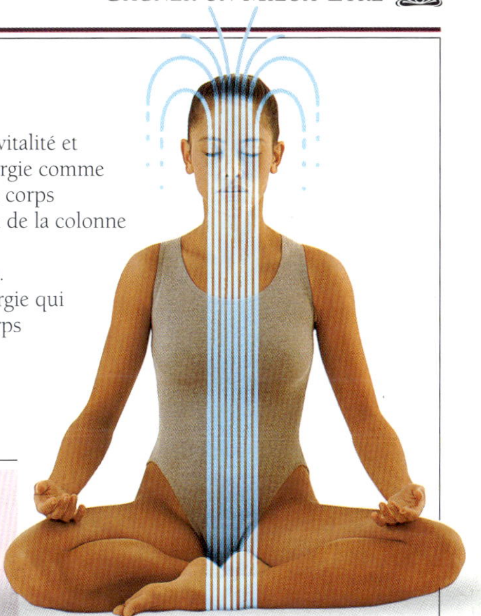

REVIGORÉ ET PURIFIÉ

Se Rafraîchir à la Fontaine
Retrouvez votre vitalité en créant une cour intérieure où vous pourrez aller.

69 Stimuler sa vitalité

Vous vous sentez vidé, à plat... Pour recharger vos batteries et faire le plein d'énergie, pratiquez un exercice revitalisant. Imaginez-vous habillé de vêtements totalement différents des vôtres, en harmonie avec votre être intérieur. Lorsque vous y êtes parvenu, visualisez une magnifique cour remplie de fleurs exotiques et de plantes grimpantes. L'air y est doux. Au centre de la cour se trouve une fontaine d'eau cristalline. Des coupes sont posées sur la margelle. Approchez-vous, choisissez-en une et remplissez-la d'eau. Laissez cette eau pure remplir votre mental et votre corps. Vous vous sentez vivifié, comme lavé de votre fatigue physique et nettoyé des tensions accumulées.

MÉDITER SUR LE MONDE

70 LA COSMOLOGIE ANCIENNE

S'intéresser aux planètes et aux étoiles du cosmos est naturel. Chaque culture a sa propre façon d'expliquer l'origine et la nature de l'univers. L'Orient, comme l'Occident, s'est servi des quatre éléments et de la qualité de l'esprit. Le bouddhisme tibétain utilise le mandala, une figure symbolique, pour décrire les forces universelles. Chaque motif du mandala peut être peint, sculpté ou fait de sable coloré. Les symboles cosmiques sont souvent présents dans les monuments sacrés et funéraires, comme les stoupas bouddhistes.

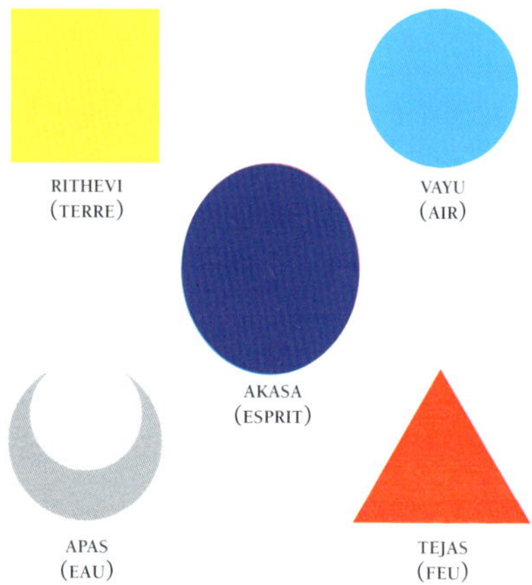

△ **LES TATTVAS ORIENTAUX** *Ces symboles élémentaires (tattvas) sont utilisés pour la méditation. Ils sont également combinés pour créer des symboles plus complexes.*

◁ **L'ARCHITECTURE SACRÉE** *Le dôme du grand stoupa de Sanchi (Inde) représente les cieux entourant la terre. Ce monument funéraire renferme des symboles cosmiques sculptés dans la pierre.*

LA TERRE
Les cinq pointes de l'étoile représentent une forme humaine, bras et jambes étirés, inscrite dans le cercle de la terre. Ce symbole incarne la terre et les sensations.

LE FEU
Le bâton représente le feu ; les étincelles rappellent le feu de l'esprit supérieur, l'intuition.

L'AIR
L'épée coupe et divise. Elle représente l'air et l'esprit tranchant les pensées avec précision.

SYMBOLES OCCIDENTAUX ▷
Les Grecs furent les premiers à décrire les quatre éléments. Les alchimistes rattachèrent ensuite ces éléments aux quatre humeurs naturelles. Le Graal symbolise la quête de la spiritualité.

L'EAU
Une coupe ou un gobelet symbolisent l'eau et les émotions.

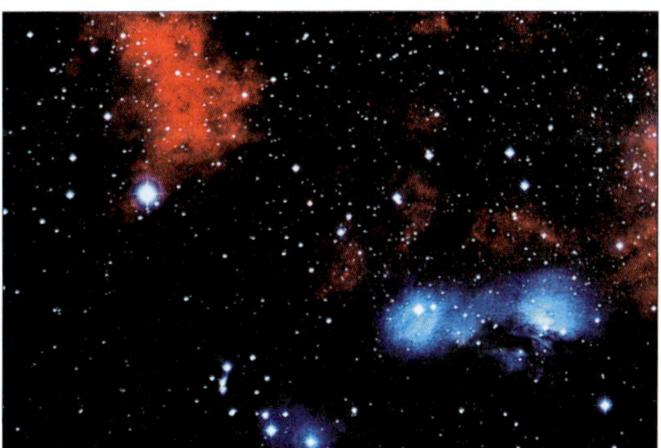

◁ LES QUATRE ÉLÉMENTS
Méditez sur les quatre éléments. Vous verrez qu'en réalité, il est difficile de les séparer. Cette réflexion illustre le principe d'interdépendance de tous les éléments de l'univers.

L'ESPACE INFINI
Le ciel est un lieu d'activité intense. Observez les étoiles et méditez sur l'immensité de la vie universelle.

71 LES QUATRE ÉLÉMENTS

L'idée que l'homme est un microcosme de l'univers est très répandue. Dans la tradition européenne, c'est la combinaison des quatre éléments primaires (terre, air, feu, et eau) qui produit l'ensemble des phénomènes naturels. Pour atteindre la connaissance (spirituelle), vous pouvez choisir des méditations qui mettent en jeu les quatre éléments. À chacun correspond un certain nombre de qualités. Pour mieux en éprouver les différents aspects, vous pouvez avoir envie de placer près de vous un élément réel : un verre d'eau, une bougie, une plante, un pot de terre cuite. Vous pouvez également penser à un symbole porteur de la qualité en question. Vous verrez, vous développerez ainsi votre conscience du monde quotidien.

L'UNITÉ DE L'UNIVERS
Pour les Anciens, le ciel et la terre représentaient l'unité de l'univers. En plus des cent neuf éléments, les physiciens modernes ont découvert le monde unificateur subatomique.

VIEUX COMME LES COLLINES
La nature permet de relativiser notre échelle du temps. Quel est donc l'âge d'une montagne ?

72 LA TERRE : S'ENRACINER

Dans certaines traditions, le monde physique est considéré comme un simple tremplin sur le chemin d'une vie meilleure dans un autre monde. Inutile de chercher un ailleurs. Devenez consciemment lié à la terre. Si vous avez le sentiment d'être coupé de la vie, choisissez une méditation sur la terre, de façon à mieux vous incarner. C'est un bon moyen pour s'enraciner fermement, ou encore garder les pieds sur terre. Durant la séance, choisissez comme support des images de montagnes, de déserts, de vallées, de plaines, de champs fertiles ou de paysages arides. Pour commencer, vous pouvez remplir simplement un bol de terre : idéal pour se concentrer.

73 L'AIR : SE LIBÉRER DES SCHÉMAS

Invisible et volatile, l'air est pourtant indispensable. Parfois, les idées se moulent dans des schémas rigides. Laissez le vent du changement souffler dans votre esprit. Lorsque vous méditez sur l'air, visualisez plusieurs images : une douce brise, un violent coup de vent, un tourbillon ou une tempête. Les changements imprévus s'accompagnent parfois de turbulences. Nos problèmes viennent de notre désir de nous accrocher. La méditation est un excellent moyen de désapprendre. En vous laissant aller, une sensation naturelle d'espace vous envahit.

LA FORCE DU VENT
Pour cette méditation, allumez si possible un bâton d'encens et observez la fumée monter lentement dans l'air.

74 L'EAU : EXPRIMER SES ÉMOTIONS

Notre corps est principalement composé d'eau. Ses propriétés sont multiples : elle purifie, étanche la soif et rafraîchit le corps. Sans l'eau, il n'y aurait pas de vie. Par sa nature, on l'associe aux émotions. N'avez-vous pas déjà laissé couler vos larmes sous le coup d'une émotion ? Comme l'eau, les émotions sont retenues, bouillonnantes ou encore profondes. Comment définiriez-vous les vôtres ? Dans votre méditation, laissez venir des images de fleuves, de chutes d'eau, de ruisseaux. Immergez-vous dans des lacs pour observer vos émotions et vous en détacher.

UN ÉLÉMENT VITAL
Commencez à méditer en posant un bol d'eau claire devant vous.

75 LE FEU : DES BOULEVERSEMENTS DYNAMIQUES

Le feu, qui survient naturellement, entraîne toujours des bouleversements dynamiques. Les qualités du feu sont multiples : il procure lumière et chaleur, et consume. Il est à la fois dangereux et nécessaire. Dans votre méditation, portez votre attention sur des images de volcans, des feux de forêt ou de cheminée, ou encore la simple flamme d'une bougie. Pour laisser jaillir le nouveau, vous devez commencer par brûler l'ancien.

△ LE COURAGE DE CHANGER
À long terme, en dépit de l'étendue des ravages qu'il peut provoquer, le feu est souvent constructif. L'activité volcanique donne naissance à de nouvelles terres.

Le feu annonce à la fois la destruction et la guérison.

POINT DE CONVERGENCE
Allumer une chandelle est un acte spirituel universel. Pensez à porter votre attention sur une flamme pendant votre méditation sur le feu.

76 L'ESPRIT : SE RELIER AU TOUT

Les quatre éléments primaires peuvent être perçus comme les aspects d'une cinquième qualité : l'esprit. Nos cinq sens ne suffisent pas pour définir l'esprit, qui est universel et pourtant impossible à décrire. D'un point de vue spirituel, la méditation consiste à se dépouiller des voiles de l'ignorance pour découvrir la nature de l'esprit.
En clair, si vous êtes connecté, c'est grâce à lui. Si vous souhaitez vous relier au monde, ou encore appartenir à un tout, méditez sur l'amour universel.
Vous trouverez le lien et un sens à votre vie en vous ouvrant à l'amour.

77 LA LUMIÈRE : LA CLARTÉ INTÉRIEURE

Prenez le temps de savourer pleinement la lumière naturelle. Savez-vous que rester longtemps dans le noir ou dans un endroit mal éclairé a des répercussions sur l'humeur ? Apprenez à évaluer votre besoin de lumière. Pensez à la transition entre la nuit et le jour, et aux différences de luminosité à chaque saison. Visualisez l'image d'un prisme, d'un arc-en-ciel ou encore d'un ciel lumineux. Toutes les techniques de méditation permettent à l'esprit de se clarifier. Prenez l'habitude, par la suite, de vous mettre au « clair », en pleine lumière, chez vous.

UNE RÉFLEXION PARFAITE
Votre esprit ressemble à un miroir. Vous pouvez le « nettoyer » mentalement pour qu'il reflète la réalité.

UN ATOUT UNIVERSEL
La qualité de la lumière naturelle change au cours de la journée, montrant l'intégrité du monde naturel.

78 L'ESPACE : DES POSSIBILITÉS ILLIMITÉES

L'espace est une notion abstraite que l'on néglige généralement tant que son propre espace n'est pas restreint. Les grands espaces peuvent vous aider à considérer sous un nouvel angle les pensées qui encombrent quotidiennement votre esprit. De temps en temps, dans votre méditation, imaginez l'infini du ciel, l'étendue d'un paysage vierge et les possibilités illimitées de votre esprit. Profitez de ces espaces de liberté pour prendre du recul.

UN ESPACE SANS LIMITES
Comme l'espace, votre esprit n'a pas de limites. Les seules frontières sont celles que vous avez vous-même créées.

La Méditation : un Mode de Vie

79 Être conscient de ce qui nous entoure

Méditer ne signifie pas seulement s'asseoir chez soi dans un état d'esprit méditatif. Cette pratique est parfois un isolement, jamais une isolation. Au contraire, la méditation consiste à rétablir des liens, à se rendre poreux au monde et à autrui. Partout où vous allez, observez, soyez attentif et conscient de ce qui se passe autour de vous. Sachez profiter au quotidien des bienfaits de la méditation.

Effervescence
Embrassez la réalité avec enthousiasme et ayez conscience de tout ce que vous faites.

Mieux Voir
Si vous vous montrez attentif, chaque situation vous semblera beaucoup plus claire.

80 Ouvrir les yeux

Certaines méditations, dites de « la vision intérieure », sont un apprentissage à l'attention. Plus vous serez attentif, plus votre regard sur le monde s'affinera. Essayez de ne pas « dormir debout » pendant la journée. Ouvrez grands vos yeux pour ne rien manquer et investissez-vous vraiment dans tout ce que vous entreprenez. Lorsque vous verrez avec les yeux ouverts, votre cœur s'ouvrira. L'expérience de l'amour que l'on découvre en soi-même dans la méditation est souvent bouleversante.

81 La beauté est partout

Vous arrive-t-il de faire encore attention à la beauté du monde ? Regardez autour de vous. Si vous trouvez votre ville trop polluée, le littoral défiguré ou votre appartement trop triste, il est temps de porter un regard neuf sur les choses. Contentez-vous de les voir telles qu'elles sont. Grâce à votre perception nouvelle, vous serez capable de trouver la beauté dans ce qui est petit, quotidien et insignifiant. Prenez conscience des couleurs, des textures et des sons. Sachez apprécier un geste prévenant ; soyez fier d'avoir terminé un travail fastidieux. Dans tout, il y a quelque chose de bon ou de beau, laissez-vous émouvoir.

Votre Idée de la Beauté
Créez votre propre modèle de beauté. Cela est d'autant plus important si vous travaillez dans un endroit désagréable.

Préserver la Beauté Naturelle
L'homme n'a de cesse, à travers l'histoire, d'intervenir sur son environnement naturel. Si l'on veut qu'il soit préservé, il faut le protéger activement.

82 De nouveaux horizons

Au fur et à mesure que de nouveaux horizons s'ouvrent à vous, vous découvrirez la souffrance (aussi bien petite que grande) et la beauté du monde. Elles vont de pair. Reconnaître cette dualité est une étape indispensable de la prise de conscience. Prenez le temps de compatir à la souffrance.

Proposez votre Aide si Besoin Est
La pratique de la méditation fait naître le besoin de venir en aide à autrui. Le moment arrivera où vous ressentirez cet appel.

83 GÉRER LES ÉCHECS QUOTIDIENS

Il n'y a rien de plus banal que l'échec. En restant positif, vous parviendrez mieux à résoudre vos problèmes. Les échecs sont souvent des sources de déception, mais ils peuvent aussi créer de nouveaux défis. Au lieu de ruminer, acceptez la situation telle qu'elle est et attachez-vous à faire preuve d'un esprit constructif en tout état de cause. Votre langage est le reflet de votre attitude. Un verre est-il à moitié vide ou à moitié plein ? Tout dépend de la façon dont vous vous placez. En adoptant un point de vue différent, les échecs deviendront des chances à saisir.

GARDER LE SENS DE LA MESURE
La plupart des contrariétés et des tracasseries quotidiennes sont sans gravité. Faites votre possible pour garder le sens de la mesure.

UNE STRATÉGIE QUOTIDIENNE
Les soucis font partie de la vie. Restez calme, étudiez bien chaque situation et ne vous laissez pas vaincre par vos peurs.

84 RÉAGIR À UN BRUSQUE CHANGEMENT

Un changement peut faire basculer la vie du jour au lendemain, créant en vous un sentiment d'insécurité. Cependant, n'oubliez pas que la vie est une longue suite de bouleversements : cette idée peut vous aider à accepter une situation nouvelle. En cas de difficulté, soyez attentif à ce que vous ressentez et ne cachez pas votre inquiétude. Parlez-en avec votre entourage pour surmonter votre anxiété ou votre confusion. Pratiquez la méditation pour vous concentrer sur le présent et saisir l'occasion de devenir l'acteur de votre vie. Parfois, un changement soudain peut « vous couper le souffle ». Pour surmonter ce choc, surveillez votre respiration.

LE TEMPS DES CHANGEMENTS
Certains changements, comme la retraite, peuvent être anticipés. D'autres arrivent brutalement. Prenez le temps nécessaire pour vous adapter.

85 FAIRE PREUVE DE GENTILLESSE

Faire preuve de gentillesse est un moyen de mettre en pratique votre nouvelle conscience en donnant de vous-même. Souvent, il suffit simplement de voir ce dont l'autre a besoin ou envie. Tout le monde ne formule pas ses désirs avec des mots. Si vous faites preuve de gentillesse, vous communiquerez et comprendrez votre entourage avec le cœur.
Et vous, avez-vous déjà bénéficié de l'attention des autres ? Revivez tous les moments où vous vous êtes senti aimé. Trouvez le temps, aussi, de prendre soin de vous. L'amour qu'on a pour soi varie forcément en fonction des circonstances. Ne vous oubliez pas !

UNE BONNE OCCASION
Il y a toujours une bonne occasion de faire un simple geste d'attention.

Une décision minime pour vous peut avoir des conséquences capitales pour une autre personne.

86 LES CHOIX QUOTIDIENS

Sans même vous en apercevoir, vous devez chaque jour faire plusieurs choix. Ces décisions sont secondaires et ne changeront pas votre vie. Pourtant, si vous avez du mal à prendre les bonnes décisions vous concernant, il est nécessaire d'en prendre conscience. Votre qualité de vie en dépend en grande partie. Même petite, une décision a des conséquences qu'il vous faut observer. Pensez-vous tirer le meilleur parti des opportunités qui vous sont offertes ?

À VOUS DE DÉCIDER
Laissez les autres faire leurs propres choix… mais pas les vôtres. Choisissez en toute conscience, car même une petite décision peut signifier beaucoup.

87 DÉMARRER DU BON PIED

La façon dont vous vous réveillez le matin donne le ton à votre journée. Êtes-vous heureux de vivre ou bien vous sentez-vous abattu à l'idée de ce qui vous attend ? Faites la liste de vos impressions dès le réveil, puis accueillez la journée qui s'annonce avec le sourire. Octroyez-vous un moment de calme, évoquez la journée de façon positive et créative. Se faire plaisir – et comment faire plaisir autour de soi – est le meilleur moyen pour maintenir votre moral au beau fixe et vivre pleinement chaque jour.

DU DYNAMISME !
Rien ne vous empêche de méditer pendant votre rituel matinal. Lorsque vous vous lavez, pensez aux bienfaits de l'eau.

L'ESPRIT OUVERT
Lorsque vous êtes fin prêt pour démarrer votre journée, remisez au placard toutes vos idées préconçues. Faites preuve d'un esprit novateur et ouvert, et gardez le sens de la mesure quoi qu'il advienne.

◁ UN BON DÉPART
Un peu d'exercice – un petit jogging ou quelques étirements simples – vous donneront de l'énergie dès le matin.

Concentrez-vous pour parvenir au calme intérieur.

Soyez attentif aux mouvements et aux sensations de votre corps.

◁ LA PRÉPARATION MATINALE
Accordez-vous dix minutes tous les matins pour rassembler vos pensées calmement. Placez-vous d'emblée dans une perspective optimiste et créative en pensant à toutes les bonnes choses qui vous attendent.

Pour rendre cette position plus confortable, placez un petit coussin ou une serviette pliée sur vos pieds. Vous serez alors assis en douceur.

88 Avant d'aller se coucher...

Avant d'aller vous coucher, asseyez-vous calmement et évoquez tous les événements de la journée passée. Observez comment vous y avez participé ou laissez simplement se dérouler le film. Si votre journée a été particulièrement éprouvante, évitez de vous remémorer les épisodes pénibles. N'essayez surtout pas de résoudre les difficultés. Jongler avec plusieurs rôles et concilier les exigences de la maison, du travail et des loisirs peut parfois se révéler un véritable casse-tête. La pratique régulière de cet exercice vous aidera à trouver le sens de la mesure et de l'unité.

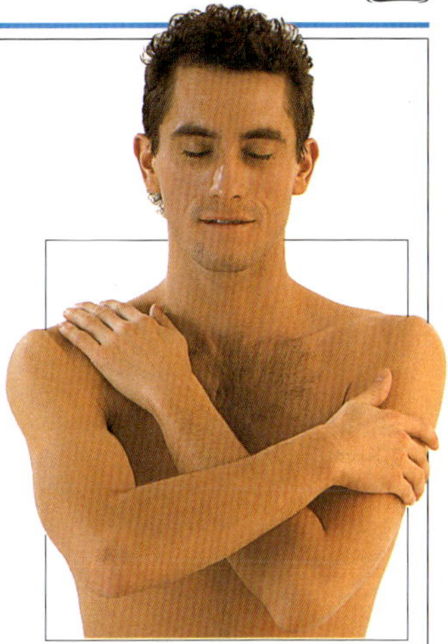

Affronter le Lendemain
Pour bien dormir, massez-vous afin de soulager la tension qui s'est accumulée dans votre corps ou détendez-vous avec une boisson chaude non alcoolisée.

Tournez vos pensées vers l'intérieur.

Posez vos mains comme bon vous semble.

◁ **La Méditation du Soir**
Lorsque vous vous remémorez votre journée, vous êtes libre de repenser ou non aux détails. L'objectif consiste à visionner tous les événements sans porter de jugement.

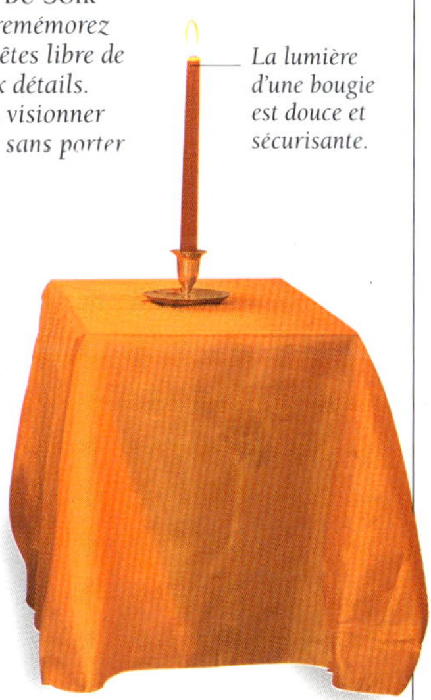

La lumière d'une bougie est douce et sécurisante.

De Profonds Changements

89 L'épanouissement personnel

La méditation vous transforme comme si vous aviez planté une nouvelle graine en vous. Comme pour toute graine, cette transformation a besoin de nourriture et de temps. Progressivement, cette pratique vous permettra de dépasser les contradictions qui, jusque-là, vous limitaient. Vous mesurerez mieux vos besoins, votre potentiel et vos qualités. Fort de cette prise de conscience, vous pourrez choisir des activités en harmonie avec votre développement personnel. Devenir soi-même procure satisfaction et donne un sens à la vie. Imaginez-vous assis au bord d'un étang parsemé de nénuphars. Certains sont en bouton, d'autres commencent à s'ouvrir. Où vous situez-vous ?

Padmâsana, ou la posture du lotus, est recommandée pour la méditation.

◁ La Transformation *Enraciné dans la boue, le lotus vit sur l'eau et s'épanouit au soleil. La floraison de cette fleur symbolise le potentiel et les aspirations de l'homme.*

Un Symbole Oriental
La fleur de lotus incarne la floraison spirituelle. Les nombreux pétales du lotus représentent l'épanouissement des qualités intérieures.

90 QUE VOUS APPRENNENT VOS CHOIX ALIMENTAIRES ?

Vos choix alimentaires sont le reflet de vos valeurs : au fur et à mesure que vous changerez, vous ferez plus attention au contenu de votre assiette. Que vous apprennent vos choix alimentaires ? D'où provient ce que vous avez dans votre assiette ? Aimez-vous les aliments très sucrés, gras, ou bien les plats largement arrosés de vin ? Un esprit sain va de pair avec un corps sain. Prenez l'habitude de savourer tous les goûts qui passent par la bouche pour faire du repas un moment de pleine détente.

SALADE DE LÉGUMES AVEC DES OLIVES ET DES POIVRONS

91 COMMENT DÉFINIRIEZ-VOUS VOS PENSÉES ?

Prenez conscience du pouvoir de votre esprit. Que vos pensées soient positives ou négatives, vous devez, pour les prendre en main, commencer par les identifier. Réfléchissez à ce dicton : « L'énergie accompagne la pensée. » Si vous consumez votre aptitude au bonheur en laissant vos pensées s'enliser dans des modèles difficiles à briser, il est temps de réagir. Comment définiriez-vous vos pensées ? Regardez-les et découvrez le modèle auquel elles obéissent. La prise de conscience peut suffire à transformer même les conditionnements les plus anciens.

LA LUMIÈRE DE LA CONSCIENCE
Les modèles de pensées trop rigides peuvent nuire à votre vie. Faites appel à votre conscience et brisez le carcan de vos conditionnements.

LA BONNE ÉNERGIE
Quel type d'énergie accompagne votre pensée ? Si vous êtes enfermé dans des modèles habituels de pensées négatives, votre énergie sera moins productive et moins efficace.

92 Les décisions constructives

Au cours de votre vie, vous êtes amené à faire des choix fondamentaux. Lorsque le pour et le contre se valent, les décisions sont parfois difficiles à prendre. L'intuition est un outil puissant : utilisez-la si vous ne savez plus que penser ni choisir. Ayez confiance en vous, faites le calme dans votre esprit. En méditant, vous vous donnerez les moyens de prendre des décisions constructives. Vous vous apercevrez rapidement d'un changement dans vos objectifs : vos décisions vont répondre à vos nouveaux désirs.

Penser Positivement
Les choix constructifs contribuent à votre développement spirituel, votre bien-être émotionnel et votre vitalité physique. Choisissez de réduire votre stress et de consacrer du temps à vos centres d'intérêt.

Lorsque vos priorités changent, il vous faut prendre de nouvelles décisions.

DÉFINISSEZ CLAIREMENT VOS OBJECTIFS

93 Le respect de la vie

La vie humaine n'est qu'un fil d'une immense tapisserie. Elle serait même impossible sans la présence des plantes et des animaux qui forment notre écosystème. De nombreuses traditions spirituelles enseignent la compassion et le respect de la vie : tout être vivant a une raison d'être. Choisissez un animal au hasard et méditez sur sa vie en tant que créature vivante à part entière. Efforcez-vous de lui trouver de la valeur, même si elle vous rebute ou vous semble sans importance.

Préserver l'Équilibre Naturel
Certains serpents sont dangereux. Pourtant, comme tous les êtres vivants, les serpents jouent un rôle dans l'équilibre naturel. Aujourd'hui, de nombreuses espèces sont menacées d'extinction.

94 Apportez votre pierre à l'édifice

La méditation vous aide à découvrir les liens qui vous unissent au monde. Méditez sur cette idée en vous aidant du thème de l'interdépendance. Asseyez-vous et pensez à tous ceux qui jouent un rôle dans votre vie sans que vous vous en aperceviez. Comme les abeilles d'une ruche, chacun d'entre nous apporte sa pierre à un vaste édifice. Pensez à tous ceux que votre travail va directement ou indirectement aider, puis réfléchissez à l'aide que vous tirez de la même façon du travail d'autrui.

Établissez des liens de ce type dans le monde naturel.

Un Réseau Mondial
Prenez conscience de tout ce que vous consommez et qui provient des quatre coins du monde. Boire un café, manger une orange ou simplement porter un vêtement en coton serait impossible sans cette interdépendance.

95 Vivez ici et maintenant

Pour la plupart, nous vivons « dispersé », nous débattant parmi les tâches et les besognes du quotidien. Vivre ici et maintenant repose sur un principe différent : vivre chaque moment du présent intensément, tout en étant conscient de la continuité entre le passé, le présent et le futur. Le temps devient alors un allié : plantez les graines de votre avenir dans le présent à travers vos aspirations. Si vous attendez demain pour entreprendre quoi que ce soit de nouveau, vous ne le ferez peut-être jamais. Le futur ne vous appartient que lorsqu'il devient présent. Essayez d'être attentif à chaque moment de votre vie.

Prendre le Temps
On a toujours l'impression de « manquer de temps ». Ne laissez pas passer les occasions d'aider les autres ou, simplement, de faire preuve de gentillesse.

N'Attendez pas Demain
Prenez garde à ne pas rêver votre vie. Si vous avez des désirs et des espoirs pour l'avenir, n'attendez pas demain : la vie se vit aujourd'hui.

96 SEUL LE PRÉSENT COMPTE

Commencez à vivre consciemment à la minute même. Le moment présent vous appartient ; vous ne disposez d'aucune garantie quant au lendemain. « Ne remettez pas à demain ce que vous pouvez faire le jour même », comme le dit le dicton. Chez les bouddhistes, le démon, Mahakala, symbolise le temps qui passe. Qui est de taille à lutter contre lui ? Ne perdez pas de temps à ruminer le passé ou à imaginer votre vie future.

Mahakala, le démon, aussi nommé le Grand Temps, a le pouvoir de dévorer le temps.

MARQUER LE TEMPS
Avez-vous le sentiment que les mois et les années passent sans véritables projets ou concrétisations ? Ramenez votre conscience au temps présent.

Méditez sur le temps qui passe. Vivez dans le temps présent, c'est-à-dire saisissez chaque instant.

LE TEMPS QUI DÉVORE
Ici, le temps revêt les traits d'un monstre. Votre passé ou vos plans futurs peuvent très facilement gouverner votre vie si vous n'y prenez pas garde. Changez votre rapport au temps : les opportunités sont nombreuses dans le présent.

Mahakala représente l'inéluctable et la mort. Sa coiffure porte un couteau et il tient dans la main une coupe en forme de crâne remplie de sang.

97 SACHEZ ACCUEILLIR LES IDÉES NOUVELLES

Lors de vos méditations, vous serez confronté à un grand nombre d'idées nouvelles, dont certaines vieilles de plusieurs millénaires. Ces principes ont survécu au temps et servi à des générations de méditants. Réfléchissez à la façon dont certaines personnes les appliquent. Vous-même, quel genre de personne voulez-vous devenir ? Bien des habitudes ou des schémas mentaux freinent la progression. Restez ouvert aux pensées nouvelles et aux différents regards sur le monde.

L'influence de la technologie est en progression. Autant miser davantage sur les qualités humaines.

UNE VISION CLAIRE
Cultivez votre intelligence et votre intuition. Lisez beaucoup, réfléchissez et ne vous laissez jamais départir de votre faculté de discernement.

SURVIVRE AU TEMPS
La pratique de la méditation a survécu à des siècles de bouleversements, et elle se réserve encore de beaux jours.

98 CE QUI EST IMPORTANT POUR VOUS

Au fur et à mesure que la méditation devient partie intégrante de votre vie, voyez si vos valeurs et vos objectifs personnels deviennent plus clairs. Il n'est que trop facile de se laisser porter par les valeurs et les objectifs d'autrui. La méditation vous aidera à comprendre ce qui a une réelle valeur à vos yeux. S'il vous est difficile d'identifier vos aspirations à long terme, prenez l'habitude de vous demander ce qui a de l'importance dans votre vie quotidienne. Vous resterez ainsi concentré sur vos besoins personnels.

99 Changez et le monde changera

La méditation entraîne des transformations par l'expérience intérieure : si vous changez, le monde changera aussi. Vous pouvez penser que, seul, vous n'avez aucun pouvoir. Cependant, nombreux sont ceux qui, dès aujourd'hui, préparent demain. Dans un monde en mutation, chacun de nous doit redéfinir son identité et ses comportements. Les plus petites causes peuvent avoir d'immenses effets. Des millions de personnes pratiquent une technique de méditation : connectez-vous, vous faites partie d'un tout. Arrivé à ce stade, vous éprouverez peut-être le besoin ou l'envie de vous joindre à un groupe ou de méditer avec un maître.

VOTRE MODE DE VIE
PEUT FAIRE PENCHER LA BALANCE.

100 L'égrégore

Ceux qui partagent les mêmes opinions se regroupent pour exprimer leurs espoirs et leur engagement. À présent, dans l'œil de votre esprit, créez une image du globe et pensez à la communauté mondiale des méditants. Visualisez le globe enveloppé de lumière. On appelle cette image un « égrégore ». Si vous prenez la peine de répéter cet exercice, vous vous sentirez plus clair. Par ailleurs, la conscience que développe la méditation illumine tous les aspects de votre vie quotidienne.

La Rencontre des Esprits
De nombreuses manifestations et cérémonies célèbrent des événements particuliers. Ces rassemblements peuvent être une occasion de partager vos idées avec d'autres personnes.

101 Une conscience éveillée

C'est une expérience que vous connaîtrez peut-être. Tout se passe comme si vous étiez brusquement éveillé. La méditation provoque une percée dans votre perception de la vie. C'est parfois un moment extraordinaire, comme si votre esprit était brusquement éclairé. Ne vous attendez pas à une révélation totale. Les idées nouvelles et les percées peuvent survenir tout le temps. Chaque fois que vous découvrirez une nouveauté, vous amènerez un peu de lumière dans votre vie. Si vous méditez régulièrement, vous progresserez toujours vers l'illumination.

L'ILLUMINATION EST UN VOYAGE À LA DÉCOUVERTE DE SOI

INDEX

CRÉDITS PHOTOGRAPHIQUES

Photographies

AKG, London 22, 52, 66 ; Ancient Art and Architecture 8d, 9g ; British Museum 68h ; Bruce Coleman Limited/Luiz Claudio Marigo 57b/Kim Taylor 21g, 25 ; Werner Forman Archive 9d ; Fortean Picture Library 5gh ; Robert Harding Picture Library 10h, 12d/Westlight/Craig Aurness 13h ; NASA 10c, 51b, 55b ; The Image Bank/Joanna McCarthy 30h, b/Kaz Mori 28h ; Museum of the Order of St John/DK 5gc ; Anne and Bury Peerless Picture Library 50 ; Royal College of Music Junior Department 26hd ; Tony Stone Images 32d/Tony Arruza 68b/Warren Bolster 36c/Rob Boudreau 34b/Chad Ehlers 6b/Ragnar Sigurdsson 38h/Greg Vaughn 54h/Charlie Waite 49b/Ken Welsh 34h ; Zefa Picture Library 33h.

Toutes les autres photographies ont été réalisées par : Max Alexander, Steve Bartholomew, Paul Bricknell, Joe Cornish, Andy Crawford, Tim Daly, Geoff Dann, Jo Foord, Steve Gorton, Frank Greenaway, Stephen Hayward/Steven Wooster, Colin Keates, Dave King, Neil Lukas, Andrew McRobb, Ray Moller, David Murray, Stephen Oliver, Tim Ridley, Kim Sayer, Carl Shone, Jane Stockman, Harry Taylor, Andreas Von Einsiedel, Matthew Ward, Jerry Young.